AF295858

TRAVAUX DE BATIMENTS

TRAITÉ DES ENTREPRISES PARTICULIÈRES

CONTENANT

1° Les clauses et conditions générales relatives aux Entreprises en Régie, à Forfait et au Mesurage ;

2° Une Série de Prix des Travaux, à Marseille, avec des sous-détails et un grand nombre d'articles nouveaux ;

3° Un Mode de Mesurage et de Règlement pour les Travaux à la Série, basé sur les Prix et les Usages de la localité ;

4° Un Extrait des Lois, Coutumes et Règlements concernant les Constructions et la Voirie,

PAR

Jules RICHAUD, Architecte.

EN VENTE CHEZ LES PRINCIPAUX LIBRAIRES

PRIX : 6 FRANCS.

JANVIER 1875.

TRAVAUX DE BÂTIMENTS

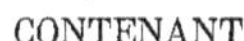

TRAITÉ DES ENTREPRISES PARTICULIÈRES

CONTENANT

1° Les clauses et conditions générales relatives aux Entreprises en Régie, à Forfait et au Mesurage ;

2° Une Série de Prix des Travaux, à Marseille, avec des sous-détails et un grand nombre d'articles nouveaux ;

3° Un Mode de Mesurage et de Règlement pour les Travaux à la Série, basé sur les Prix et les Usages de la localité ;

4° Un Extrait des Lois, Coutumes et Règlements concernant les Constructions et la Voirie,

PAR

Jules RICHAUD, Architecte.

MARSEILLE

TYPOGRAPHIE ET LITHOGRAPHIE BARLATIER-FEISSAT PÈRE ET FILS

Rue Venture, 19.

—

1875.

AVANT-PROPOS.

L'industrie du bâtiment à Marseille a souvent regretté de ne pas avoir à son usage des documents précis, destinés à servir de guide, pour les entreprises particulières, à tous ceux qui construisent ou font bâtir.

Ces documents, disséminés en partie dans les administrations ou chez les architectes, sous forme de cahier des charges et séries de prix, n'ont jamais été suffisamment vulgarisés, et il est à présumer que, réunis dans un ouvrage spécial et pratique, ces documents, publiés au point de vue de l'industrie privée, recevraient du public un accueil très favorable.

J'ai voulu essayer de combler cette lacune, et j'ai rédigé, à l'aide de matériaux nombreux, puisés aux meilleures sources et consciencieusement contrôlés, un ensemble de documents techniques les plus indispensables aux entreprises particulières, pour les travaux de bâtiment.

J'ai joint à ces documents, outre une série de prix augmentée de beaucoup d'articles nouveaux qui ne se trouvent pas dans les séries ordinaires, un mode de mesurage et de règlement dont l'utilité sera, je crois, appréciée ; enfin, comme appendice nécessaire, j'ai cru devoir y annexer également, un extrait des lois, coutumes et règlements, qu'un constructeur a si souvent intérêt à connaître et à appliquer dans le cours de ses travaux.

Je n'espère pas avoir fait ici un travail définitif, et il est évident que le temps et les progrès incessants de l'industrie du bâtiment apporteront par la suite des changements et des modifications inévitables dans un travail de ce genre, mais, j'ai voulu du moins ouvrir la voie, et dès à présent renfermer en corps de doctrine et rédiger, dans un sens essentiellement pratique et approprié à nos usages, les principaux éléments qu'il importe de connaître pour entreprendre avec succès et d'une manière régulière des travaux de construction.

Nul doute que quelque jour des personnes plus autorisées ou quelque corps savant ne s'occupent d'un travail analogue (intéressant à plus d'un titre) et ne l'achèvent avec tous les développements désirables, d'ici là, le mien, je l'espère, peut avoir son utilité et je me féliciterai de l'avoir entrepris, si, en effet, il peut rendre quelques services et combler (provisoirement du moins) une lacune que chacun a pu maintes fois constater.

Jules RICHAUD.

DES DIVERS GENRES D'ENTREPRISES

ET

DU MODE D'EXÉCUTION DES TRAVAUX

Les Entreprises pour les travaux de bâtiment s'exécutent ordinairement sous trois formes différentes et distinctes qui sont :

1° L'Entreprise des travaux en **Régie ;**

2° L'Entreprise des travaux **à Forfait ;**

3° L'Entreprise des travaux **au Mesurage et à la Série de Prix.**

TRAVAUX EN RÉGIE

Ces travaux se font généralement soit pour des ouvrages de peu d'importance ou d'entretien, soit pour des travaux spéciaux ou de sujétion dont l'évaluation ultérieure serait difficile à déterminer ; dans ces travaux, il ne s'agit donc que de fixer :

1° Le prix des journées d'ouvriers et celui des matériaux auquel on ajoute les faux frais et les bénéfices de l'entrepreneur ;

2° Et à tenir un compte exact de ces journées et de la quantité des matériaux employés.

Le prix des journées et des matériaux tel qu'il est consigné dans le tarif ci-après est celui qui doit être reçu par l'ouvrier ou par le fournisseur rendant à pied d'œuvre sa fourniture, droits d'octroi compris, il faut donc y ajouter les faux frais et les bénéfices de l'entrepreneur dont il vient d'être parlé.

A Marseille, ces faux frais et bénéfices, pour des travaux ordinaires, s'évaluent généralement au 10 p. % de la dépense faite et comprennent la fourniture des outils, appareils, échafauds et matériel nécessaires,

Pour certains travaux on accorde quelquefois 1/20 en sus, soit 15 p. % (c'est à l'architecte à l'apprécier) ; dans ce qui va suivre, nous nous contenterons d'appliquer le 10 p. % d'usage.

La journée d'ouvrier est de 10 heures de travail, les travaux de nuit se payent la moitié en sus du prix ordinaire de la journée, plus les frais d'éclairage. Ce prix est élevé quelquefois au double de la journée ordinaire, lorsqu'il s'agit de travaux pénibles ou de sujétion.

TRAVAUX A FORFAIT

Les travaux à forfait doivent être déterminés sous certaines formes et avec des conditions spéciales que nous allons indiquer.

Lorsqu'un propriétaire ou un industriel quelconque charge un entrepreneur d'un travail à forfait, il doit au préalable être muni des pièces suivantes :

1° Un plan général et détaillé du bâtiment à construire, c'est-à-dire, la représentation graphique et cotée de tous les ouvrages à exécuter, autant du moins qu'il est possible de le faire ;

2° Un devis estimatif et un devis descriptif, ce dernier indiquant d'une manière précise et détaillée comment s'exécuteront les travaux, avec quels matériaux, la façon qui y sera faite, les dimensions, épaisseurs et genre de façon à donner à certains ouvrages lorsque le plan ne pourra suffisamment l'indiquer.

Ce devis descriptif, on le comprend, a une très grande importance, car il doit indiquer depuis la fondation jusqu'au plus petit détail d'achèvement tous les ouvrages à faire, et dans quelles conditions ils doivent être faits.

3° Enfin une convention ou traité, sur timbre et à 2 originaux, intervenant entre les parties et relatant outre la clause relative au forfait proprement dit, toutes les autres conditions spéciales ou complémentaires qui peuvent être nécessaires à la juste et claire appréciation du contrat auquel doivent être annexés de rigueur les plans et devis sus-mentionnés.

Nous donnerons plus loin un modèle de ce genre de contrat.

L'entreprise à forfait, on le sait, garantit, jusqu'à un certain point, celui qui fait bâtir contre les augmentations de dépenses, auxquelles il peut être entraîné pour une cause ou pour un autre, mais il est nécessaire pour cela de s'astreindre à certaines obligations et conditions qu'il faut déterminer et que nous indiquerons ci-après.

Dans le contrat à forfait, l'entrepreneur n'est pas recevable à demander n'importe quelle augmentation de prix à son forfait, s'il n'a pas fait au préalable signer et approuver cette augmentation par le propriétaire lui-même, lequel a toujours le droit, moyennant rabais ou supplément de prix, d'apporter aux plans convenus les modifications qu'il désire, et il n'y aurait qu'un cas ou l'entrepreneur pourrait être fondé à demander une augmentation à son forfait, c'est celui, par exemple, ou dans des fondations présumées à une certaine profondeur d'après la nature apparente du sol, il se trouverait obligé, par une cause fortuite, de faire des travaux d'épuisement, de consolidation ou de maçonneries supplémentaires tellement considérables qu'il n'était pas possible de les prévoir dans le contrat au moment de la fixation du prix de son forfait, hors ce cas là ou tout cas de force majeure analogue, l'entrepreneur ne peut rien réclamer, nous le répétons, ni pour augmentation de prix des journées ou des matériaux, ni même pour certains travaux supplémentaires non prévus dans le contrat, mais qui seraient ou pourraient être la conséquence naturelle et obligatoire de son marché pour le bon et complet achèvement de ses travaux.

Dans le marché à forfait, il importe, comme nous venons de le dire, que le devis descriptif, qui est une des bases principales, soit dressé avec le plus grand soin, de son exactitude et de sa précision dépend presque toujours la bonne et fidèle exécution du contrat, et il faut que tous les détails essentiels de la construction y soient si bien définis que ni l'une ni l'autre des parties ne puissent en aucune manière ni sous aucun prétexte se soustraire à leur exécution.

Nous ne croyons pas utile de donner ici un modèle de ce genre de devis que chacun connaît et dont la rédaction varie nécessairement selon le genre et la nature des travaux, mais nous avons tenu à appeler l'attention sur cette pièce, parce qu'elle est une des plus nécessaires dans ce genre de marché et qu'elle doit être rédigée avec une attention dont le lecteur peut dès à présent apprécier l'importance.

MODÈLE DE TRAITÉ

POUR UNE ENTREPRISE A FORFAIT.

Entre les soussignés

Mr A, propriétaire à y demeurant, rue n°

et Mr B, entrepreneur, demeurant et domicilié également à

rue n°

Il a été convenu et arrêté ce qui suit :

Mr A, voulant faire élever une maison d'habitation sur un terrain qu'il possède à

rue n°

a fait dresser par Mr C, architecte, les plans, devis et cahier des charges relatifs à cette construction, qu'il a approuvés, et il a ensuite proposé à Mr B, entrepreneur, l'entreprise à forfait de tous les travaux nécessaires à ladite construction.

Mr B ayant accepté cette proposition, il est intervenu entre les parties le marché suivant :

Article Premier. — Mr B se charge d'exécuter complètement pour Mr A la maison dont il s'agit à forfait, finie et clefs en mains (sauf les papiers peints ou tout autre restriction, s'il y a lieu), pour la somme de F.

Art. 2. — Il s'engage à exécuter tous les travaux nécessaires à ladite construction conformément aux règles de l'art et exactement suivant les plans, devis descriptif et détails d'exécution qui ont été signés et approuvés en double et dont il déclare avoir parfaite connaissance pour les avoir étudiés et examinés avec soin, lesquels plans et devis sont annexés au présent marché.

Art. 3. — L'entrepreneur ne pourra faire de son chef aucun changement aux plans signés, mais si le propriétaire désirait y faire lui-même quelques modifications, il aurait le droit de le faire, et dans ce cas, ces modifications feraient l'objet d'un accord à part, qui réglerait d'avance et d'une manière définitive le prix en plus ou en moins du forfait, des travaux faisant l'objet de ce changement.

Art. 4 — Tous les matériaux à employer seront de la meilleure qualité, tels qu'ils sont prévus au devis descriptif, leur façon et mise en œuvre seront parfaitement exécutées selon les régles et usages de l'art et d'aprés les prescriptions du devis.

Art. 5 — Il est sous-entendu que, dans les travaux dont il s'agit, sont sensés prévus et obligatoires pour l'entrepreneur, tous les détails d'achévement et travaux complémentaires qui auraient pu être omis soit dans les plans, soit au devis, mais qui seraient la conséquence naturelle d'un bon et complet achèvement de la maison dans le genre qu'elle comporte.

Art. 6. — Dans le cas d'une mal façon quelconque ou de l'emploi de certains matériaux inférieurs à ce qui est convenu, ces mal façons seront refaites et les matériaux rejetés aux frais de l'entrepreneur.

Art. 7. — Mr B s'engage à reconnaître pour architecte directeur des travaux Mr C, qui lui a été présenté par Mr A en cette qualité, et à se conformer en tous points aux ordres qu'il en recevra, sans toutefois déroger en rien aux plans et conditions convenus, sauf les cas ci-dessus prévus.

Art. 8. — Les travaux commenceront immédiatement et seront poursuivis sans interruption, pour être achevés le (mettre ici et selon le cas, l'époque et le dédit convenu, s'il y a lieu).

Art. 9. — La somme de F. prix convenu entre les parties pour le présent forfait, sera payée par le propriétaire à l'entrepreneur de la manière suivante : (l'indiquer).

Art. 10. — L'entrepreneur prendra à sa charge tous les frais de barrière, clôture, éclairage, gardien et prescriptions de police de la voirie et généralement tous les faux frais qu'entraînera ladite construction pendant son exécution.

Art. 11. — Ne sont pas compris dans le présent forfait, les droits spéciaux de voirie à payer à la suite de la demande d'autorisation de bâtir, pour alignement, saillies, droits de façade et d'égoût, ainsi que les droits de mitoyenneté et règlement entre voisins et les formalités à faire à ce sujet pour ou à cause de la présente construction.

Art. 12. — Les frais d'enregistrement du présent marché seront à la charge de celles des parties qui y aura donné lieu.

Toutes les clauses stipulées ci-dessus sont de rigueur et aucune d'elles ne pourra être réputée comminatoire.

Telles sont les conditions générales qu'il y a lieu d'établir pour un marché à forfait et auxquelles naturellement on pourra joindre toutes les autres conditions spéciales qui seraient nécessaires, selon les cas.

Dans le cas enfin ou on voudrait prévoir par avance celui de discussions ultérieures entre les parties à raison desdits travaux, on pourrait insérer la clause suivante, applicable à tous les genres de traités :

« Toutes les discussions qui pourraient s'élever pendant le cours des travaux comme aprés et » entr'autres sur l'interprétation des articles du présent traité et l'exécution des travaux et à défaut » de leur solution amiable par l'architecte, seront décidées en dernier ressort par un arbitre nommé » par les parties, qui en sera juge souverain et amiable compositeur dispensé de toutes formes et » délais judiciaires.

Il y a encore le marché de *maximum*, qui consiste, on le sait, à fixer une somme totale qu'on ne peut dépasser que dans certains cas prévus et à faire bénéficier le propriétaire de la différence en moins lorsque le réglement définitif n'atteint pas cette somme ; dans le cas contraire, la somme qui excède le maximum fixé reste à la charge de l'entrepreneur ; mais ce genre de marché est assez rare, et outre certaines difficultés qu'il présente dans la pratique, comme il n'est qu'une variante entre le marché à forfait et celui à la série de prix, nous ne croyons pas devoir nous y arrêter.

TRAVAUX AU MESURAGE ET A LA SÉRIE DE PRIX

C'est le mode qui est le plus généralement suivi et qui est aussi le plus équitable, dans ce sens que le propriétaire ne paye strictement que la quantité de travaux qui est faite au prix convenu pour chaque article et par nature d'ouvrage. L'entrepreneur, de son côté, étant assuré de recevoir exactement le prix de la quantité de travail fait ou fourni, ni l'un ni l'autre, de cette manière, n'éprouvent de pertes et ne peuvent être lésés dans leurs intérêts réciproques. Il est vrai aussi que le propriétaire ne peut connaître d'avance et très-exactement la dépense qu'il va faire, il n'a pour le savoir que le devis estimatif dressé par l'architecte, et ce devis, même dressé avec le plus grand soin, comporte presque toujours un écart plus ou moins sensible avec le chiffre définitif du réglement qui intervient à la fin de tous les travaux.

Toutefois ce genre de marché est encore celui qui offre le moins d'inconvénients et qui est le plus généralement pratiqué, parce qu'il est le plus clair et celui qui prête le moins sujet aux discussions et aux fraudes. Dans ce marché, tout peut être analysé et vérifié et il est rare qu'une discussion sérieuse puisse se produire entre les parties, lorsque l'architecte a dressé convenablement son cahier des charges, et qu'il agit de manière à en assurer la bonne et fidèle exécution.

Dans le traité au mesurage et à la série de prix et une fois les plans arrêtés (lesquels peuvent subir pendant l'exécution toutes les modifications désirables sans rien changer aux conditions du marché), il s'agit de dresser d'abord une série de prix de tous les travaux à exécuter et ensuite un cahier des charges indiquant, outre les droits et obligations des parties et les pouvoirs de l'architecte chargé de la direction, les clauses et conditions générales relatives aux travaux, à leur exécution, au mode de mesurage et de réglement, et au mode de paiement.

A l'appui de ces deux pièces (réunies ordinairement) se joint une convention sous seing-privé, sur timbre et à deux originaux, qui sert aux parties d'engagement réciproque et de traité.

Nous donnons ci-après un modèle de toutes ces pièces en commençant par le cahier des charges dont la teneur suit :

CAHIER DES CHARGES

« Conditions Générales relatives à l'exécution, au Métrage et au Règlement des Travaux de « tous genres nécessaires à la construction projetée par M^r sur un terrain lui « appartenant, sis rue n° à Marseille.

Article Premier. — Les clauses et conditions du présent cahier des charges sont applicables à tous les entrepreneurs ou fournisseurs quelconques qui y auront souscrit par un engagement dont le modèle est ci-après, ou par leur acceptation pure et simple au présent.

Art. 2. — Les travaux dont il s'agit doivent être exécutés sur les plans et sous la direction de M. , architecte, lequel est chargé par le propriétaire susnommé de suivre et de diriger en cette qualité tous les travaux relatifs à la présente construction.

2

Art. 3. — L'entrepreneur agréé, en se chargeant des travaux pour lesquels il stipule, déclare avoir vu les lieux, pris connaissance des plans, devis, détails estimatifs, nature des travaux, et séries de prix, par suite, il déclare y adhérer et vouloir se conformer de tous points aux clauses et conditions insérées dans le présent cahier des charges qu'il a également vu et examiné.

Art. 4. — L'entrepreneur sera tenu d'exécuter les travaux qui lui sont confiés exactement d'après les plans, dessins ou indications qui lui seront fournis en temps et lieu par l'architecte. Il devra se conformer strictement à tous les détails qui lui seront donnés à cet effet, et il sera responsable de toute erreur provenant de son fait ou de celui de ses ouvriers ou employés.

Art. 5. — L'entrepreneur est tenu et s'oblige expressément à n'employer que des matériaux ou fournitures quelconques de première qualité ; il s'engage également à confectionner et à finir parfaitement et selon toutes les règles de l'art, les ouvrages quels qu'ils soient qu'il sera appelé à exécuter.

Art. 6. — Dans le cas d'une mal-façon quelconque ou de l'emploi de matériaux ou fournitures non conformes à ce qui vient d'être dit, l'architecte aura le droit de faire démolir, refaire ou rejeter, aux frais de l'entrepreneur, les fournitures, ouvrages ou parties d'ouvrage reconnus vicieux ou mal exécutés.

Art. 7. — L'architecte aura également le droit d'éloigner du chantier tout ouvrier, commis ou employé de l'entrepreneur qui serait signalé ou reconnu incapable, insubordonné ou exécutant mal les ordres qui lui sont donnés.

Art. 8. — Tous les travaux devront être menés régulièrement, continués sans interruptions et achevés dans un temps normal, en rapport avec celui nécessaire et suffisant pour une bonne exécution (sauf tous cas particuliers, insérés autre part, notamment la limite de temps et le dédit qui en serait la conséquence, s'il y a lieu).

Art. 9, — Les travaux, une fois finis et terminés et après qu'ils auront été vus et agréés par l'architecte, seront réglés à l'entrepreneur de la manière suivante.

Art. 10. — Il sera fait par l'architecte ou son vérificateur délégué un métré ou compte général et détaillé de tous les ouvrages exécutés auquel seront appliqués les prix de la série ci-annexée, déduction faite, à la fin, du rabais convenu, s'il en existe un. Ce métré servira à l'entrepreneur de compte et de règlement définitif entre lui et le propriétaire ; il sera facultatif néanmoins à l'architecte, quand il le jugera convenable, d'autoriser un entrepreneur ou fournisseur quelconque, à dresser lui-même son mémoire avec application des prix convenus, mais, dans ce cas, le compte ou mémoire présenté ne sera valable et définitif qu'après qu'il aura été vu et vérifié par l'architecte, qui l'approuvera en y apposant son visa.

Art. 11. — Dans le cas où il serait exécuté par un entrepreneur quelques travaux dont les prix ne seraient pas prévus dans la série, l'architecte les évaluera en son âme et conscience et en rapport de ceux convenus ; le cas échéant, l'entrepreneur sera tenu de fournir à l'architecte les lettres de voiture, factures, pesées ou autres documents en sa possession, d'origine authentique, qui pourront lui être nécessaire, pour cette évaluation.

Art. 12. — Il sera payé par le propriétaire à l'entrepreneur, pendant le cours des travaux, des accomptes successifs, au fur et à mesure de leur avancement, sur un visa de l'architecte et d'après des situations provisoires, lorsqu'il y aura lieu d'y avoir recours ; ces accomptes ne pourront en aucun cas dépasser la valeur du travail fait, moins un dixième de retenue comme d'usage.

Art. 13. — Le solde revenant à l'entrepreneur ne lui sera payé par le propriétaire que après l'achèvement complet de tous les travaux et après leur réception finale par l'architecte, qui ne sera tenu de les agréer et régler définitivement qu'à ce moment, et en tant qu'il sera constaté que l'entrepreneur a bien et fidèlement rempli tous ses engagements.

Art. 14. — L'entrepreneur sera tenu d'avoir un cahier d'attachements où seront consignés les ouvrages ou parties d'ouvrages cachés ou difficiles à reconnaître plus tard, qu'il fera approuver au fur et à mesure par l'architecte, à défaut les attachements reconnus par ce dernier seront seuls valables.

Art. 15. — Il sera facultatif à l'architecte d'imposer à l'entrepreneur des ouvriers ou fournisseurs de son choix, s'il le juge convenable, à prix égal des siens.

MODÈLE DE TRAITÉ

Entre M , propriétaire, domicilié et demeurant à
rue , n° , d'une part,

Et M. , entrepreneur, domicilié et demeurant à
rue , n° , d'autre part.

Il est convenu ce qui suit :

M. , propriétaire, donne à entreprendre toutes façons et fournitures comprises à M. , entrepreneur, qui accepte, tous les travaux de qui seront nécessaires pour la construction projetée par M. , sise rue , n° , à .

Il est convenu que pour le payement, réglement et mode d'exécution desdits travaux, les parties s'en rapporteront entièrement aux clauses et conditions d'un cahier des charges (1) dressé à cet effet, lequel, vu et agréé par elles, est et demeurera déposé, après approbation, entre les mains de M. , architecte, qui est chargé en cette qualité de la direction, conduite et réglements de tous les travaux.

L'entrepreneur déclare en outre consentir au rabais de pour cent, sur les prix de la série annexée au cahier des charges sus-mentionné.

Suivent les conditions particulières à insérer, s'il y a lieu.

Fait et signé à double original, à , le 18

Nota. — Cette pièce doit être faite sur papier timbré.

MODE DE MESURAGE

MAÇONNERIES.

1. — Les maçonneries de moellons bruts, n'importe la qualité, se mesureront en place d'après leur cube réel, en déduisant tous les vides et tous les matériaux étrangers intercalés dans les maçonneries, sauf les prises seules de bois des planchers ou linteaux.

Pour les bâtiments très ordinaires, c'est-à-dire ceux dont les ouvertures seraient faites avec les jambages, appuis et plates-bandes en briques communes, le vide de ces ouvertures ne sera

(1) Ce cahier des charges peut être celui-ci, par exemple, dont un pour chaque partie, s'il y a lieu.

pas déduit et équivaudra à la plus-value de l'encadrement et à l'équarrissage (1) ; la pose seule des menuiseries adaptées sera comptée en sus.

2. — Les maçonneries de briques se mesureront en place d'après leur cube réel, tous vides déduits, sans plus-value pour déchet et parement vu ordinaire ou simple rejointoiement ; dans le cas d'un rejointoyage soigné, à joint ouvert et à filet, il sera mesuré à part et au mètre carré.

3. — Les petits murs en briques dits murettes, n'importe l'épaisseur (dont la différence d'évaluation est dans le prix), se mesureront d'après leur surface réelle, tous vides déduits. Il sera compté en sus la pose seule des menuiseries adaptées, l'équarrissage des baies, s'il en existe, sera compté également en sus au mètre carré de surface réelle et au prix d'une fois et demie celui de l'enduit en plâtre pour la sujétion des arêtes et garnissage.

4. — Les cloisons se mesureront d'après leur surface réelle, en ne déduisant que la moitié des vides, l'autre moitié équivaudra à la pose des menuiseries, qui alors ne sera pas comptée. Les anses à paniers, angles et arêtes au droit des cloisons ainsi que les enduits et le redressage à la règle ne seront pas comptés, étant compris dans le prix du mètre superficiel de cloison.

5. — Les enduits sur mur seront comptés au mètre superficiel de surface réelle, tous vides déduits et à tant la couche, il ne sera rien compté en sus, pour anse à paniers, angles, arêtes et redressage au droit des parements, sauf les arêtes et équarrissage des baies, s'il en existe, qui seront comptés à part et comme il est dit au N° 3, lorsque ces arêtes et garnissages auront été faits sur vieux mur ou bien comme évasement ou tableau à l'intérieur des ouvertures du mur neuf, vide déduit.

6. — Les couvertures en général et les toitures ordinaires en tuiles et briques sur pannes et chevrons compris dans le prix se mesureront d'après leur surface réelle, en ajoutant 0,25 pour chaque faîtage, et 0,15 pour chaque tuile renversée au droit des pignons. La surface sera mesurée au droit et à l'aplomb des murs extérieurement dans un sens et dans l'autre sens de chaque côté du faîtage et jusqu'au bord de l'égoût saillant compris. Il ne sera pas compté en sus de ces couvertures, les solins et rejointoiements contre les murs et ciels-ouverts, lesquels sont compris dans le prix du mètre carré de toiture finie.

7. — Les tuyaux de cheminées et languettes en briques à cloisons de champ seront comptés, au mètre superficiel de surface réelle, comme cloison et selon l'épaisseur de la brique employée, sans autre plus-value pour arêtes et redressage. Les languettes compteront chacune pour 0,25 de largeur. Les manteaux ou capes de cheminées de cuisine seront comptés comme cloisons (selon l'épaisseur de la brique) et mesurés de la manière suivante : La longueur prise sur la plus grande saillie de la tablette et la hauteur, celle de la pièce, moins la hauteur du potager ; dans le cas d'une tablette en bois, la mesure sera la même, mais il ne sera alors rien compté pour la pose et le garnissage de cette tablette et du bois brut formant l'encadrement et la charpente inférieure du manteau.

8. — Les potagers plaqués en briques vernissées, n'importe les compartiments ou fourneaux, se mesureront au mètre courant de leur longueur réelle, sans autre plus-value. Il sera compté en sus, les placages de briques vernissées qui seront faits au-dessus des potagers ainsi qu'autour des piles ou éviers, ainsi que tous scellements de fers et plaques adaptées au-dessus du dit potager.

9. — Les planchers en bois, avec solives, enfustage, renformis au plâtre et carrelage au-dessus (le tout compris ordinairement dans un seul et même prix) seront mesurés d'après leur surface réelle, tous vides déduits, mais il sera compté en sus les bois formant chevêtres et les entailles qui y auront été faites. Pour les planchers en fer (système à voûte ou à remplissage), la surface sera mesurée pour ce qu'elle est réellement, tous vides déduits, sans plus-value pour

(1) Ancien usage.

chevêtres ou enchevêtrures et à tant le mètre carré de remplissage ou de voûtes, reins compris, et prêt à recevoir le carrelage, ce dernier sera mesuré à part et pour sa surface réelle. La pose et le garnissage des solives, carillons, entretoises, etc., sont compris dans le prix et ne seront pas comptés en sus.

10. — Les plafonds en roseaux et les planchers soupentes seront mesurés d'après leur surface réelle, sans plus-value pour arêtes ou anses à panier, tous vides déduits, il sera compté en sus pour les plafonds, les encadrements de ciels-ouverts ou autres vides pour ce qu'ils sont, et pour les planchers soupentes, la demi du bois ou poutre de rive, lorsqu'il en existera.

11. — Les escaliers ordinaires ou à l'anglaise, construits en bois (charpente brute ordinaire), compris le montage, clouage, revêtement du dessous, anses à panier, renformis et équarrissage au plâtre du limon, y compris la marche et le carrelage, seront comptés au mètre courant ou à tant la marche, toutes façons et fournitures comprises, sans autre plus-value. Pour les escaliers construits sur charpente en fer, avec voûtes ou remplissage plein, ces voûtes ou ce remplissage seront comptés au mètre carré de surface réelle comme pour les planchers ; tous scellements de fers, anses à panier et équarrissage du dessous compris, et l'emmarchement et la pose des marches à part, à tant la marche ou le mètre de longueur (avec ou sans la fourniture des marches, *ad libitum*) (pour ces sortes d'escaliers le limon, étant ordinairement plus important, sera compté à part à tant le mètre courant, toutes les fois qu'il dépassera en hauteur et épaisseur les dimensions de ceux des escaliers ordinaires).

12. — Les scellements quelconques, les réglées au plâtre dits rayons, jusqu'à 0,50 cent. de longueur, les briques en placage, les garnissages de portes ou fenêtres, des éviers, des buquets ou consoles, des bouts de fer, des pattes à bâtir, etc., etc., seront comptés à tant la pièce.

13. — Le scellement ou le garnissage des plinthes, les réglées *ad hoc*, les rainures ou incrustations de tuyaux, le garnissage des rampes en fer ordinaires pour escaliers ou terrasses, les arêtes, les cueillies d'angle faites après coup ou en dehors de celles existant au droit des murs, murettes ou cloisons, etc., etc., seront comptés au mètre courant.

14. — Les blanchissages ou badigeons à la chaux, ton pierre ou en couleur, seront comptés au mètre carré pour leur surface réelle, tous vides déduits, les soubassements seront comptés au mètre courant et à part, ainsi que les plinthes, lorsqu'ils seront couronnés d'un filet d'épaisseur et auront moins de 0,50 $^{c}/_{m}$ de hauteur. Il ne sera rien compté pour le filet formant bordure à l'extrémité supérieure du badigeon. (Ce filet est sous-entendu compris dans le prix du badigeon ou du soubassement.)

15. — Les démolitions des murs ou murettes seront comptées au mètre cube (de volume en place). Celles de cloisons, tuyaux ou légers ouvrages, au mètre superficiel de l'objet en place sans autre plus-value pour foisonnement ou autre.

16. — Les terrassements quelconques pour fouiller à découvert ou en tranchées, rigoles, etc., etc., seront mesurés au mètre cube, d'après le volume du vide réel, sans autre plus-value pour foisonnement ou autre sujétion.

PIERRES DE TAILLE.

17. — Les pierres de taille, de quelque nature quelles soient, seront cubées en place, leur plus grande longueur multipliée par leur plus grande largeur et épaisseur, sans plus-value pour déchet, fausse coupe et autres ; la taille des lits et des joints est comprise dans le prix du cube de la pierre mise en œuvre.

La taille ou façon sur lesdites pierres *des parements vus* ou soit les faces apparentes seules, lisses ou épannelées, seront mesurés en place pour la surface qu'ils ont réellement. Cette façoncomprend en même temps la pose et l'abreuvage. Les refouillements autres que les trous à scellements, les évidements d'angles et autres seront comptés comme taille entière pour leur surface réelle sans autre plus-value.

Les parties faisant toute épaisseur de mur, mais destinées à être recouvertes d'enduits, légèremens taillées ou non, ne seront comptées que comme demi-parements, sauf les faces de derrière, des plates-bandes et arceaux, légèrement taillés ou non, qui seront comptés comme parements entiers à cause de la sujétion des joints.

La taille des parements courbes sera comptée, savoir :

Courbe à simple coubure, une demi-fois en plus.

Courbe à double courbure, une fois en plus.

La double taille pour pente des bahuts, tablette ou dallage sera comptée une demi-fois en plus. Seront comptés comme taille entière et pour leur surface réelle les joints courbes, les joints à crochets ou à assemblage (mâle et femelle).

Le ravalement des moulures sera compté à raison de 0,32 cent. de développement, par mètre de longueur ; chaque membre de moulure couronné de son filet ou à 0,16 cent. la moulure simple, et si cette moulure dépassait 0,16 cent. en développement, elle serait mesurée à son pourtour réel.

Le mesurage des voûtes, plates-bandes, arceaux et autres de même genre sera fait en prenant le plus grand développement de l'extrados.

Les trous de gonds ordinaires seront comptés chacun 0,10 centièmes de mètre carré de taille entière, les autres trous plus petits 0,06 cent. chacun, les trous de gonds forts ou autres analogues 0,16 cent. chacun.

Pour la pierre dure de Cassis ou analogue, il sera accordé un parement entier au lieu d'un demi-parement pour les faces de derrière, légèrement taillées ou non, des pieds-droits, piliers, angles ou blocs de forte dimension et faisant parpaing et ayant au moins 0,50 cent. de tête à cause de la sujétion du bardage et de la pose.

Il en sera de même lorsque la dernière assise d'une corniche de couronnement en pierre de taille d'Arles ou analogue fera toute épaisseur de mur et en même temps dallage de balcon, dans ce cas seulement la face de derrière de cette assise, légèrement taillée ou non, sera comptée comme taille entière à cause de la difficulté du bardage.

Il est formellement dérogé pour le mesurage des pierres de taille et de la façon qui peut y être faite à tout us et coutumes qui ne concorderaient pas avec le mode d'évaluation ci-dessus indiqué.

PLATRERIE DÉCORATIVE. — 18.

1. — Dans les pièces à corniche, le blanchiment au plâtre blanc à la truelle sera compté d'un mur à l'autre ; dans celles où il n'y aura qu'une architrave ou un cadre et architrave sans corniche, le blanchiment sera compté d'un mur à l'autre, plus 0,50 cent. sur les deux dimensions de longueur et de largeur.

2. — Les corniches quelconques et toutes moulures autres que les moulures simples ou redressées se mesureront suivant l'usage, en prenant la saillie et la hauteur, la demi-somme de ces deux dimensions formera la saillie moyenne, laquelle, multipliée par le prix du centimètre, donnera le prix du mètre courant.

3. — Pour les pilastres, on prendra le diamètre, auquel on ajoutera les deux saillies, ce qui donnera la largeur développée, que l'on multipliera par le prix du centimètre pour obtenir le prix du mètre courant.

4. — Pour les rosaces ovales on prendra le diamètre moyen.

5. — Les corniches et moulures quelconques seront mesurées à leur longueur réelle et il sera ajouté comme plus-value 0,50 cent. de longueur par chaque raccord d'angle saillant ou rentrant, sauf les quatre angles au droit des murs pour lesquels il ne sera accordé aucune plus-value.

6. — Les parties courbes seront comptées une fois et demie; les parties rampantes mais droites seront comptées une fois et quart.

7. — La pose des ornements sculptés sera comptée à sa longueur réelle sans plus-value pour raccords d'angle; mais la pose d'ornements dans les parties courbes sera comptée une fois et demie.

8. — Les panneaux à table saillante ayant moins d'un demi-mètre carré de surface seront comptés pour un demi-mètre carré.

CHARPENTE ET MENUISERIE.

19. — Les pièces de charpente seront mesurées séparément dans leur longueur réelle ainsi que dans leur équarrissage.

La menuiserie sera mesurée à sa dimension réelle, mais en tenant compte pour les parties circulaires ou de sujétion de la plus-value d'usage dans les travaux.

Les portes et les croisées ou châssis, avec ou sans volets, seront mesurés au mètre carré y compris les dormants prévus dans le prix, les cadres ou chambranles seuls seront comptés à part et au mètre courant par catégorie de largeur et de saillie indiqués dans la série.

SERRURERIES, FERS ET FONTES.

20. — Les fers et fontes seront toujours pesés sur le chantier (ou à l'atelier de l'entrepreneur, pour plus de facilité quand il s'agira de grande pièces), mais en présence de l'architecte ou de son délégué, qui remettra un double des pesées à l'entrepreneur, les frais de pesage sont à la charge de ce dernier.

PEINTURE.

21. — La peinture sera comptée soit au mètre carré, soit au mètre courant ou à la pièce selon les indications de la série,

Les châssis vitrés ou de croisées seront mesurés comme plein dans leur hauteur et largeur, en développant l'épaisseur des champs ensuite et en déduisant les carreaux moins cinq centimètres tout autour du bois, et ce sur les deux faces également.

Les volets seront mesurés dans leurs dimensions réelles en développant seulement les champs ou épaisseurs.

Les persiennes seront mesurées trois fois leurs dimensions pour les deux côtés, sans développements d'épaisseur pour celles non brisées et trois fois et demie pour celles brisées en quatre parties, lames ordinaires; à l'américaine, une demi-fois en plus.

Les portes ou panneaux quelconques seront mesurés à leurs dimensions réelles sans développement de moulures intercalées, il ne sera compté en sus que la saillie extérieure de chambranles ou moulures d'encadrements, s'il en existe.

Les portes ou croisées vitrées ou à glace seront mesurées comme ci-dessus en déduisant le verre, moins cinq centimètres autour du bois et ce sur chaque face.

Les grilles de croisées ou rampes à barreaux droits seront mesurées chaque face à la moitié de la surface ; pour celles à ornements courbes ou compliqués, chaque face pour sa surface entière ; les grillages en fer maillé de 0,03 cent. de vide environ seront mesurés en entier sur chaque face.

Ces conditions de mesurage concordant du reste avec les usages adoptés par la généralité des métreurs de peinture. Les entrepreneurs pourront, dans certains cas et avec l'autorisation de l'architecte faire dresser leurs mémoires par leurs métreurs particuliers, sous la responsabilité desdits entrepreneurs et le contrôle définitif de l'architecte, comme il est dit ci-avant.

VITRERIE.

22. — Les carreaux de vitres blancs ou ordinaires seront toujours de premier choix, ils seront comptés au mètre carré de surface réelle en place, sans plus-value pour déchet et y compris pose et fourniture de pointes et mastic, qui devra être également de première qualité.

EXTRAIT DES LOIS, COUTUMES ET RÈGLEMENTS

CONCERNANT LES CONSTRUCTIONS ET LA VOIRIE

MITOYENNETÉ.

1° La mitoyenneté d'un mur séparatif entre deux héritages est obligatoire dans les villes et les faubourgs.

2° Elle s'acquiert au prix que coûterait le mur au moment de l'acquisition et doit comprendre tous les travaux d'intérêt commun qui y incombent.

3° Le voisin qui surélève un mur déjà mitoyen doit payer à l'autre un droit d'exhaussement évalué ordinairement à un sixième de la valeur du mur exhaussé, mais ce dernier doit faire à ses frais l'exhaussement de ses tuyaux de cheminée et en payer l'appuyage plus le pied d'aile de chaque côté, soit 0,33 cent.

4° Dans le cas où le voisin le plus bas exhausserait plus tard sa maison, il payerait à l'autre la mitoyenneté de la surface dont il a besoin, sans restituer le droit de surchage précédemment reçu et en défalquant de la surface celle déjà acquise pour l'appuyage des tuyaux de cheminées, pied d'aile compris.

5° Dans le cas d'une reconstruction entière du mur, si le voisin qui rebâtit sa maison fait constater que le mur n'est pas suffisant pour la nouvelle construction, quoique bon en l'état pour les deux immeubles préexistants, il a le droit de le reconstruire, mais à ses frais, sur le même emplacement et la même épaisseur, laquelle pour les murs de maison ne doit jamais être moindre de 0,50 cent. en élévation et 0,75 en fondation, et dans le cas où une plus grande épaisseur serait nécessaire à celui qui rebâtit, elle serait prise toute de son côté, sauf le cas d'entente entre les deux voisins pour partager cette surépaisseur de chaque côté de la ligne mitoyenne.

6° Le voisin qui reconstruit un mur mitoyen ne doit aucune indemnité locative, si les travaux ont été faits avant 40 jours de travail effectif et légal écoulés.

7° Celui qui rebâtit un mur mitoyen doit rétablir les lieux chez le voisin dans leur état primitif et faire pour cela tous les travaux nécessaires, sauf le cas de peintures, sculptures ou dorures exceptionnelles auxquelles il n'est pas tenu.

8° Le voisin prévenu en temps et lieu doit ranger ses meubles, glaces ou objets adossés au mur, sans cela il n'est pas recevable à demander réparations pour les dommages soufferts à cet égard.

9° Un mur est condamnable et susceptible d'être refait à frais communs s'il penche de plus de la moitié de son épaisseur ou s'il est corrompu.

10° Le voisin qui a subi la reconstruction d'un mur mitoyen conserve sur le mur neuf les mêmes droits de mitoyenneté qu'il possédait sur l'ancien ; mais dans le cas où il viendrait plus tard à se servir du nouveau mur, il aurait à payer, outre la mitoyenneté nouvelle à acquérir comme surface, la différence de valeur existante entre l'ancien et le nouveau mur.

11° Il ne doit être fait dans le corps d'un mur mitoyen aucun enfoncement, ouverture, ou tranchée (sauf les prises des poutres de plancher), sans le consentement par écrit du voisin. Toutes les constatations relatives aux droits et réglements de mitoyenneté doivent être faites, pour être régulières, par des experts légalement commis.

12° Il doit être fait des contre-murs ou laissé des espaces contre les murs mitoyens dans les cas suivants :

Pour les forges et fourneaux, etc., etc., un contre-mur de 0,32 épaisseur, en laissant entre le mur et le mur mitoyen un espace vide de 0,16 cent. ouvert par les côtés pour le passage de l'air.

Pour les fours de potiers, boulangers ou autres semblables il faut 0,32 de vide laissé entre le mur mitoyen et le parement extérieur du four, et *un vide plus grand* pour les fourneaux d'usine.

Pour les chaudières à vapeur, il faut un contre-mur de 1 mètre d'épaisseur laissant un vide de 0,10 cent. entre lui et le mur mitoyen ; le contre-mur doit être élevé à 1 mètre en contre-haut de la chaudière.

Dans le cas d'un contre mur nécessaire et adossé ultérieurement, le contre-mur ne doit pas être incorporé, mais dans tous les cas, y compris celui ou le contre-mur se ferait en même temps que le mur mitoyen, il est loisible de laisser passer, au-delà de l'épaisseur légale du mur mitoyen, quelques pierres boutisses faisant liaison, mais permettant toujours de pouvoir, au besoin, démolir le contre-mur sans préjudice pour le mur mitoyen lui-même.

Pour les voûtes, il est d'usage que le contre-mur doit-être de 0,25 au moins en sus des empâtements pour une portée maximun de 4 mètres, et pour les voûtes d'arête, les dosserets sont suffisants pourvu qu'il soient en pierre de taille dans toute l'épaisseur du mur.

» Pour les magasins à sel ou matières corrosives, le contre-mur doit être de 0,32 épaisseur » et de toute la hauteur du magasin ; pour les fosses d'aisance, le contre-mur aura 0,32 d'épais- » seur ; la distance entre un puits et une fosse d'aisance doit être de 1 m. 30, compris les murs » de la fosse et du puits, et 1 mètre au moins entre deux puits. »

13° Dans le cas d'une poutre de force d'un plancher, si la distance entre le mur mitoyen et le point d'appui intermédiaire le plus rapproché est de 1 m. 50 au plus, le scellement de cette poutre peut se faire directement dans le corps du mur, au-delà de cette distance il faut faire au droit de ce scellement une chaîne de pierres dans toute l'épaisseur du mur pour recevoir la prise de cette poutre.

13° bis Les reprises à mi-mur sont prohibées.

14° La hauteur de clôture, obligatoire à Marseille dans la ville et les faubourgs, est de 2 m. 50 du sol naturel au faîte, plus 0,50 de fondation.

JOURS, VUES, DISTANCES LÉGALES.

15° Les jours de souffrance sont ceux qui peuvent s'établir dans un mur ou partie de mur non mitoyen mais joignant immédiatement l'héritage voisin par celui à qui appartient le mur, sous les conditions suivantes :

Au rez-de-chaussée, ces jours doivent être établis à 2 m. 60 au-dessus du sol de celui qui les ouvre et aux autres étages, à 1 m. 90 au-dessus du sol du plancher de la maison où sont ces ouvertures.

La clôture de ces jours doit être faite à verre dormant, c'est-à-dire avec châssis fixe, portant la feuillure des vitres à l'intérieur pour les enlever et nettoyer, et avec grille en fer maillé de 10 centimètres de vide et les barreaux de 15 mill. d'épaisseur.

Le voisin peut toujours faire boucher un jour de souffrance, en achetant la mitoyenneté du mur.

16° On ne peut avoir des vues droites ou d'aspect, balcons ou autres saillies sur l'héritage voisin, s'il n'y a 2 mètres ou 19 décimètres au moins entre le mur ou on pratique ces vues et ledit héritage.

17° On ne peut avoir des vues par côté ou obliques sur le même héritage, s'il n'y a 60 centimètres de l'axe du mur mitoyen à l'arête du tableau de l'ouverture pratiquée.

Pour les balcons ou autres saillies, la distance de 19 décimètres se compte du bord extrême de la saillie à l'axe du mur mitoyen.

Pour les rues et voies publiques, ces distances ne sont pas obligatoires.

18° Les arbres de haute-futaie ne peuvent être plantés qu'à deux mètres de distance de l'axe du mur mitoyen.

RESPONSABILITÉ.

L'architecte et l'entrepreneur sont solidairement responsables pendant dix ans du bâtiment qui vient à périr sous les distinctions suivantes : L'architecte est responsable des vices provenant de ses plans, de l'indication des matériaux, *des vices du sol* (1) et de la surveillance générale des travaux.

L'entrepreneur est, de son côté, responsable de l'état du sol, du choix des matériaux, des vices et fraudes dans l'exécution et des mal-façons. L'entrepreneur, de plus, répond du fait des personnes qu'il emploie.

L'architecte et l'entrepreneur sont responsables de l'inobservation des règlements sur la voirie et sur le voisinage.

Si même après le laps de dix ans, il était prouvé que les causes qui mettent le bâtiment en péril, sont le résultat du dol et de la fraude, l'action en garantie contre le constructeur serait toujours recevable; elle durerait 30 ans, à partir du jour de la découverte du dol et de la fraude.

L'architecte qui n'est chargé que de fournir les plans et devis, n'est pas responsable des vices du sol, mais il est responsable des infractions aux lois de police et de voisinage, résultant de ses plans.

---

(1) Controversé.

VOIRIE.

Nul ne peut construire, réparer ou modifier la partie d'un bâtiment, en bordure sur la voie publique, sans une autorisation préalable du Maire, pour la petite voirie, et du Préfet, pour la grande voirie. Pour obtenir cette autorisation, on en fait la demande, soit au Maire, soit au Préfet, sur papier timbré et sous forme de pétition, laquelle doit contenir, outre l'objet de la demande, un plan des lieux et l'adresse du pétitionnaire.

Il est dû un droit de voirie sur les objets suivants :

1° Droit d'égout. (Pour le déversement des eaux sales).

2° Droit de saillies d'architecture sur une façade, balcons, étalages, enseignes et autres.

3° Droit d'alignement.

4° Droits de barrière devant les travaux ou dépôts autorisés sur la voie publique, étais, chevalement, tranchées, etc.

Le tarif de tous ces droits, ainsi que les prescriptions de détail qui en dépendent, se trouve consignés dans le règlement de voirie en vigueur à Marseille depuis 1859.

SÉRIE DE PRIX.

Observations.	Nos d'Ordre.	Désignation et nature de l'ouvrage.	Prix.
			F. C.
		TERRASSEMENTS, MAÇONNERIES, PIERRES DE TAILLE, DALLAGE ET COUVERTURE.	
	1	Fouille de terre, gravier, argile, calcaire tendre ou analogue, enlevés au pic, pour tranchées, rigoles de fondations, déblais de cave, etc., etc., avec jet sur berge et tranport aux décharges publiques, le mètre cube.	3.50
		Le prix ci-dessus est porté pour une profondeur de tranchées de 3 mètres au plus (quelle qu'en soit la largeur) pour chaque mètre de profondeur en sus, le prix sera augmenté par mètre cube de..	0.50
	2	Fouille pour déblais dans le roc, partie enlevée au pic, partie à la mine, transport compris comme ci-dessus (pour les débris non utilisables) ; les matériaux bons à employer restant au propriétaire, le mètre cube.	5.50
	3	Fouille comme au n° 1, mais avec épuisement d'eau, étançonnage et précautions à prendre (les frais seuls d'épuisement comptés en sus) le mètre cube	3.75
	4	Maçonnerie de béton, mortier de chaux hydraulique, de Roquefort, de la Nerthe, du Rocher-Bleu ou analogue, sable de première qualité, et cailloux de la Garde, fabriqué à la griffe sur une aire en planches *(ad hoc)* compris mise en place et pilonnage, le mètre cube.	13.00
	5	Le même avec emploi de chaux du Theil, le mètre cube.	16.00
	6	Maçonnerie de moellons bruts, pierre de roche de la Garde, mortier comme au n° 4, sans enduits, pour fondations, le mètre cube	11.50
	7	Le même avec emploi de chaux du Theil, le mètre cube.	14.50
	8	Maçonnerie de moellons bruts pour murs en élévation, avec mortier comme au n° 4, et pierres de roche de la Garde, sans enduits, le mètre cube, ...	13.50
	9	Le même avec emploi de chaux du Theil, le mètre cube.	16.50
	10	Maçonnerie de moellons bruts au mortier de chaux grasse, et sable de première qualité pierres blanches de Riboulet ou analogue pour murs en élévation, sans enduits, le mètre cube	13.00
	11	Même maçonnerie avec un parement en moellons, smillés de toute dimension, taillés à l'aiguille et à joints incertains, le mètre carré de ce parement mesuré à part comme plus value..	6.00
	12	Même maçonnerie avec un parement en moellons d'appareil, par assises réglées de 0,20 de hauteur, taillés sur les faces et les joints et avec ciselures ; le mètre carré mesuré comme ci-dessus	13.00
	13	Maçonnerie de moellons bruts n'importe la qualité, au mortier de chaux grasse ou de chaux hydraulique ordinaire pour murs de clôture, compris les enduits sur chaque face ou un massacanage, le mètre cube.	10.00

OBSERVATIONS.	Nos d'Ordre.	DÉSIGNATION ET NATURE DE L'OUVRAGE.	PRIX.
			F. C.
	14	Maçonneries de briques de Saint-Henry, de 0m 07 d'épaisseur, au mortier fin, pour tous travaux, avec simple rejointoiement sans enduit, le mètre cube.	50.00
	15	Le mètre carré de rejointoyage soigné à joint ouvert et à filet passé au fer ou en couleur.	0.50
	16	Même maçonnerie de briques de 0,07 épaisseur, faites à l'eau pour ouvrages apparents, compris tous parements vus, rejointoiements et filets, le mètre cube.	60.00
	17	Même maçonnerie de briques de 0,07 épaisseur, polies et faites à la presse, avec rejointoiement et filets soignés, passés au fer ou en couleur.	75.00
	18	Murette de 0,22 épaisseur, en briques de 0,07 ordinaires de Saint-Henry, compris 3 enduits sur chaque face, le mètre carré (angles et parements redressés).	10.50
	19	Murette de 0,11 épaisseur, mêmes briques et 3 enduits sur chaque face, le mètre carré.	6.50
	20	Murette de 0,16 épaisseur, en crottes doubles de Saint-Henry, pleines ou creuses, compris 3 enduits sur chaque face comme ci-dessus, le mètre carré.	9.00
	21	Pierre de taille de la Couronne, de Saint-Chamas ou de Beaucaire ordinaire, pour libage, assise courante, angle de fondations, ou jambages de porte de cave, compris taille des lits et joints, la pose au mortier et le bardage, le mètre cube	39.00
	22	La même en pierre de Beaucaire de choix, compris la taille des lits et joints, le mètre cube	42.00
	23	Taille et façon sur les dites pierres, le mètre carré, pour simple parement layé, sur les pierres du n° 21, compris la pose.	3.75
	24	Pour parement soigné et moulure sur celles du n° 22, y compris pose et abreuvage.	4.00
	25	Pierre de taille d'Arles 1er choix, en blocs marchands, le mètre cube, taille des lits et joints compris.	44.50
	26	Taille et façon sur la dite pierre compris la moulure, le mètre carré de parement vu, y compris pose et abreuvage.	3.50
	27	Pour les pierres de taille ci-dessus, en blocs de commande, le mètre cube sera augmenté de.	2.00
	28	Pierres de taille de Tarascon (Saint Gabriel) blanche et fine, le mètre cube dans les mêmes conditions qu'au n° 22.	63.00
	29	La même en blocs de commande le mètre cube	66.00
	30	Taille et façon sur ladite pierre (comme au n° 24) le mètre carré. .	6.00
	31	Pierre dure de Cassis 1er choix, le mètre cube en placage de toute dimension ou en blocs ordinaires jusqu'à 1 mètre cube	90.00
	32	La même en blocs de commande, le mètre cube sera payé en sus. .	5.00
	33	Pierre dure de Montredon ou analogue, le mètre cube.	75.00

Observations.	Nos d'Ordre.	DÉSIGNATION ET NATURE DE L'OUVRAGE.	Prix.
			F. C.
	34	Taille et façon sur les dites pierres, moulures comprises, le mètre carré, savoir :	
		A la boucharde de 8 et 10, ciselure raclée, de 8,50 à.	9.50
		A la boucharde de 12, ciselure polie (travail ordinaire soigné) . . .	12.00
		A la boucharde de 16, ciselure polie	15.00
	35	Le polissage plein au fer et à l'émeri, fini et lustré pour socle ou soubassement riche sur ladite pierre dure se paiera en sus de toute taille et moulures, le mètre carré de surface effective.	14.00
	36	Plancher ordinaire en bois et maçonnerie, composé de poutres ou solives de 0,18 × 0,28 d'équarrissage espacées de 1 mètre d'axe en axe, compris le lattis du dessus dit enfustage ; le hourdis au plâtre ferme dessus et dessous, les anses à panier, la pose, fourniture, mise en place et clouage des bois et le carrelage en tomettes de Salernes, 1re qualité, ou carreaux analogues, posés à l'assemblage, le mètre carré tout fini.	12.75
	37	Même plancher, mais avec poutres de force, poutre armée, ou disposition particulière d'assemblage, ces planchers seront payés le mètre carré.	8.00
		Et il sera compté en sus les solives ou poutres seulement, savoir : celles sans autre entaille que celles d'enchevêtrures, le mètre cube. . .	75.00
		Savoir : celles avec entaille *ad hoc* ou façon de charpente, le mètre cube.	90.00
	38	Maçonnerie au plâtre pour le remplissage des planchers en fer de 0,16 à 0.25 d'épaisseur, comprenant les voûtes et le garnissage des reins ainsi que le revoirage ou le remplissage plein, y compris pose et garnissage des fers, le mètre carré de surface de plancher.	4.50
	39	Même maçonnerie, mais au ciment de la Valentine, le mètre carré.	5.50
	40	Maçonnerie de même genre pour le remplissage de l'ossature des escaliers en fer, dans les mêmes conditions qu'au n° 38, l'emmarchement des degrés comptés à part, le mètre carré.	4.50
	41	Emmarchement ou façon des degrés et de la forme en briques et plâtre pour recevoir le revêtement en marbre ou le parquet, y compris l'équarrissage du dessous et le limon, lorsque celui-ci ne dépassera pas les dimensions ordinaires, chaque degré sera payé, toutes façons et fournitures comprises, jusqu'à 1,20 de longueur.	2.50
		Au-dessus de cette mesure, le mètre courant de marche se paiera. .	2.25
	42	Limon d'escalier en fer, équarri au plâtre de 0,10 à 0,12 de large et de 0,30 à 0,40 hauteur, toutes façons et fournitures comprises, le mètre courant.	2.00
	43	Plancher soupente, dit sans poutres, avec bois de faible équarrissage, enfustage au-dessus, équarrissage et anses à panier au plâtre avec un carrelage en briques communes, le mètre carré	6.00
	44	Le même sans carrelage, le mètre carré	4.50
	45	Toiture ordinaire en tuiles et briques comprenant les poutres ou pannes en bois de sapin rond ou équarri de 0,18 × 0,28 espacées de 1m à 1,25 d'axe en axe, les chevrons de 0,05 × 0,08 la brique de couvert,	

OBSERVATIONS.	Nos d'Ordre.	DÉSIGNATION ET NATURE DE L'OUVRAGE.	PRIX.
			F. C.
		la tuile grande et petite forme, l'aire en plâtre sur la brique de couvert, et le garnissage ou accôtement des tuiles, compris tous solins, pose et rejointoiements, le mètre carré de toiture finie	12.00
	46	La même toiture avec charpente ou à pans compliqués sera payée, le mètre carré de couverture chevrons compris.	6.00
		Et il sera compté en sus les pannes seules à raison de, le mètre cube.	75.00
		Et la charpente proprement dite pour ce qu'elle vaut, d'après les prix portés pour cet objet.	
	47	Lambris ou plafonds, sous-plancher, en roseaux avec hourdis au plâtre compris lambourdes, clous, redressage de l'enduit et anses à paniers, le mètre carré	3.50
	48	Le même sous-toiture, porte-lambourdes et fils de fer compris, le mètre carré.	4.00
	49	Cloisons en briques de Saint-Henri, crottes doubles creuses ou pleines de 0,03 épaisseur, pour divisions ou tuyaux de cheminée, compris enduit au plâtre sur chaque face, anses à panier, angles et parements redressés, le mètre carré.	3.50
	50	Les mêmes, en briques de 0,05 épaisseur, le mètre carré.	4.25
	51	Voûtes en briques crottes doubles de Saint-Henri posées de champ, au mortier fin de chaux hydraulique ou chaux grasse, compris les cintres et les épaulements en maçonnerie ordinaire, ainsi que les enduits au mortier de la face concave, le mètre carré.	12.00
	52	Voûtes en mêmes briques posées de plat et doublées, c'est-à-dire sur 2 rangs entre-croisés, au ciment de la Valentine, compris cintres, épaulements et enduits comme ci-dessus, le mètre carré.	8.25
	53	Enduit à 3 couches, 2 au mortier, une au plâtre angles et parements redressés à la règle, le mètre carré.	1.25
	54	Enduit au plâtre à une couche, angles et parements comme dessus, le mètre carré.	0.35
	55	Escaliers ordinaires en charpente brute et maçonnerie au plâtre (d'après l'usage local) comprenant la construction de l'ossature, le clouage des bois et le garnissage et équarrissage au plâtre, limon et anses à panier, compris, la marche avec bordure en chêne et contre-marche en bois blanc, et le carrelage du degré en tomettes de salernes, l'escalier tout fini et jusqu'à 1m 10 de largeur, se paiera, la marche.	6.00
		Et au-dessus de cette largeur, le mètre courant	5.50
	56	Le même, mais à l'anglaise, la marche jusqu'à 1m 10 de large. . .	11.00
		Et au-dessus, le mètre courant.	10.50
	57	Carrelage en tomettes de Salernes, 1re qualité, à l'assemblage sur revoirage et aire au plâtre, le mètre carré	4.50
	58	Le même en tomettes d'Orange ou analogue, le mètre carré.	5.00
	59	Carrelage en pans carrés triples sur massif de pierre sèche de 0,20 cent. épaisseur compris dans le prix, avec revoirage au mortier de ciment et pose au mortier fin, le mètre carré.	5.50

Observations.	Nos d'Ordre.	DÉSIGNATION ET NATURE DE L'OUVRAGE.	Prix. F. C.
	60	Carrelage en briques de champ sur massif et aire comme dessus, avec abreuvage au ciment pur, le mètre carré	8.00
	61	Potager ordinaire, plaqué en briques vernissées, y compris la pose des enclastres, fontes et fourneaux, le mètre courant.	25.00
	62	Le même plaqué en briques faïence blanches de Lyon, de 0,10 de côté, avec bordure bleue et fleurs, le reste comme dessus, le mètre courant.	35.00
	63	Placage en faïence, mêmes briques que ci-dessus y compris la bordure, pour revêtement, le mètre carré	18.00
	64	Blanchissage à la chaux 3 couches avec soubassement ordinaire sans filets, le mètre carré	0.10
		Ou à la pièce, moyenne grandeur	4.00
		Une cuisine complète blanchie dans les mêmes conditions	5.00
	65	Aide à la pose et garnissage de croisée et persiennes, l'ouverture complète (n'importe la grandeur)	5.00
	66	Scellements ordinaires au plâtre ou au ciment l'un	0.30
	67	Scellement fort au plâtre blanc ou ciment, l'un.	0.50
	68	Brique vernissée en placage, fournie, rayon d'étagère, jusqu'à 0, 50 de longueur, la pièce	0.30
	69	Bordure de trottoir en pierre dure de Cassis, d'après les dimensions réglementaires, compris pose et abreuvage, le mètre courant petite largeur (0, 18).	7.50
		Le mètre courant grande largeur (0, 30)	9.00
	70	Pose et garnissage de carrelage en marbre ordinaire, le mètre carré.	3.00
	71	Pose et garnissage de cheminée de marbre ordinaire, rhumfort et voûte, l'une.	14.00
	72	Pose et fourniture de pile en pierre froide, à 1 évier, le dessus poli, 1m de longueur..	25.00
	73	Même pile à 2 éviers, 1,50 longueur, le dessus et devant poli . . .	45.00
	74	Une marche à volute en pierre froide, de 1,25 à 1,40 longueur, parement fin, ...	30.00
	75	Marches en briques de champ jusqu'à 1,20 longueur, l'une.	3.50
	76	Garnissage de plinthes et pose de taquets, le mètre courant.	0.25
	77	Garnissage de tuyaux de plomb avec incrustations, le mètre courant.	0.30
	78	Maçonnerie de moellons durs au mortier de ciment de la Valentine et sable (sans enduits) ciment et sable par moitié, le mètre cube. . .	20.00
	79	Enduit renformis au mortier comme ci-dessus avec cailloutage, le mètre carré.	2.00
	80	Le même y compris décroutage du vieil enduit et brossage à pierre vue.	2.50

Observations.	Nos d'Ordre.	Désignation et nature de l'ouvrage.	Prix. F. C.
		PAVAGES ET DALLAGES	
	81	Pavage en grès neuf de Toulon ou analogue, d'échantillon ordinaire sur forme de sable, taille des pavés, déblais du sol, façon et tous frais de mise en place, le mètre carré	12.50
	82	Le même, mais les pavés non taillés, le mètre carré.	10.00
	83	Pavage en cailloux roulés posés sur forme de sable, compris déblais du sol ou enlèvement des vieux cailloux, avec regalage de sable fin au-dessus, le mètre carré.	1.50
	84	Le même avec abreuvage au ciment, le mètre carré	2.00
	85	Dallage en asphalte de Seyssel de 0,015 à 0,020 d'épaisseur sur massif de béton et revoirage préparé *ad hoc*, le mètre carré.	5.00
	86	Le même avec une épaisseur de 0,020 à 0,03 le mètre carré.	6.50
	87	Dallage en ciment de Portland, en grande dalles et appareils de joints, le mètre carré.	6.00
		CANAUX ET CONDUITES	
	88	Canal en briques et mortier de ciment se composant d'une brique pan carré pour radier, de 2 murettes de 0, 11 pour pieds-droits et d'un autre pan carré pour couverture ayant 0,20 de large sur 0,15 de haut environ, compris le béton pour l'assiette du canal et la fouille le mètre courant.	5.50
	89	Conduite en poterie d'Aubagne, vernie à l'intérieur, de 0, 30 de diamètre posée au ciment pur de la Valentine et accotement en maçonnerie, fouille ou tranchée pour la recevoir comprise, le mètre courant . . .	7.50
	90	La même, de même diamètre, posée au ciment, mais hors terre, verticalement ou obliquement y compris scellement des colliers ou supports le mètre courant	6.50
	91	La même sous-terre, comme au n° 89, de 0, 20 de diamètre le mètre courant fouille comprise	4.50
	92	La même de 0, 15 de diamètre le mètre courant, fouille comprise .	3.75
	93	La même de 0, 10 de diamètre le mètre courant, dito .	2.75
		PLATRERIE DÉCORATIVE AU PLATRE BLANC, MOULURES ET ORNEMENTS	
	94	Blanchiment au plâtre blanc à la truelle, le mètre carré.	0.30
	95	Moulures simples sur une règle, le mètre courant.	0.30

Observations.	Nos d'Ordre.	Désignation et nature de l'ouvrage.	Prix.
			F. C.
	96	Moulures redressées sur deux règles, le mètre courant.	0.50
	97	» » plus fortes, n'importe le profil, le centimètre de saillie.	0.15
	98	Corniches quelconques, à larmier ou à gorge, mais poussées dans un seul et même calibre, y compris toute forme et ébauche nécessaires jusqu'à 0,50 centimètres de saillie moyenne, le centimètre de saillie.	0.15
		Au-dessus de cette dimension, la forme ou ébauche sera payée en sus au prix, par mètre courant, de.	1.50
	99	Corniche volante pour dessus de porte, couronnement de panneaux, frontons ou autres, compris le dessus et toute ébauche nécesssaire, le centimètre de saillie.	0.20
	100	Moulures pour panneaux de décoration sur murs ou plafonds, ou pilastres intermédiaires, quelles que soient leurs dimensions et profils, le centimètre de saillie moyenne.	0.15
	101	Moulures ou profils spéciaux pour limon d'escalier, cadres de ciel-ouvert ou de grande ouverture, le centimètre de saillie moyenne. . .	0.15
	102	Tables saillantes jusqu'à 0,015 d'épaisseur pour panneaux sur murs ou plafonds, enduit compris, le mètre carré.	1.50
	103	Champ ou frises au plâtre blanc entre deux panneaux ou deux corps de moulures et ayant moins de 0,25 de largeur, le mètre courant. .	0.50
	104	Petite moulure filet ou gorge sur l'arête des tables saillantes jusqu'à 0,05 de largeur, le mètre courant.	0.30
	105	Arêtes seules au bord des tables saillantes, le mètre courant. . . .	0.10
	106	Enduit au plâtre blanc sur nu de mur ou plafond pour intérieur de cadre ou panneaux quelconques au-dessus de 0,25 de largeur et jusqu'à 1m50, le mètre carré.	0.50
	107	Pilastres ou soffites quelconques avec moulures formant cadre refouillé, tablette saillante ou refends à bossage simple, c'est-à-dire deux arêtes et un filet creux, compris toute ébauche et forme préparatoire, le centimètre de largeur développée.	0.10
	108	Les mêmes, sans moulures et le fond uni, le centimètre.	0.05
	109	Stuc veiné, marbre blanc, le mètre carré	1.25
	110	Stuc soigné, marbre ou pierre de couleur, le mètre carré.	2.00
	111	Soubassement au stuc, en marbre quelconque, jusqu'à 0,50 de hauteur, le mètre courant.	1.00
	112	Rhumforts de cheminée au stuc, l'un.	3.50
	113	Côtés de cheminée au stuc, l'un.	1.50
	114	Filet d'épaisseur en couleur pour bordure, le mètre courant. . . .	0.05
	115	Enduit au plâtre gris, fin ou bien lissé pour recevoir des peintures, le mètre carré.	0.40
	116	Evasements de croisée au plâtre blanc, l'un.	1.00

Observations.	Nos d'Ordre.	Désignation et nature de l'ouvrage.	Prix. F. C.
		POSE ET FOURNITURES D'ORNEMENTS SCULPTÉS EN PLATRE OU CARTON-PIERRE	
	117	Oves, raies de cœur, goderons, doucines jusqu'à 0,08 cent. de hauteur, le mètre courant, en place.	1.50
	118	Perles ou ornements analogues et de même grosseur, le mètre courant, en place	0.80
	119	Gros tore sculpté de feuilles de chêne, fleurs ou fruits et rubans en plâtre ou carton-pierre de 0,10 à 0,15 de diamètre, le mètre courant, en place	2.25
	120	Frise de corniche ou d'encorbellement à rinceaux, à canaux ou à feuilles quelconques, jusqu'à 0,35 de hauteur ou de développement, le mètre courant, en place. (En plâtre ou en carton-pierre.).	4.50
	121	Angles sculptés pour cadre de plafond, l'un, en place.	2.00
	122	Agrafes, milieu pour lesdits cadres, l'une, en place.	1.50
	123	Angles sculptés de corniche ou encorbellement de plafond, forme écusson ou cartouche orné de fleurs, fruits ou petites figures avec rubans et chutes, ne dépassant pas les dimensions des frises du nº 120, en plâtre ou carton-pierre, l'un.	45.00
	124	Rosaces sculptées, n'importe le dessin, le centimètre de diamètre jusqu'à 1m60.	0.18
	125	Refends à bossage simple composé de deux arêtes et un filet creux, avec tracé d'appareil, le mètre carré.	4.50
	126	Les mêmes, mais avec double filet ou gorge sur l'arête et une plus grande saillie, le mètre carré.	6.00
	127	Agrafes de panneaux, motifs milieu, celle du haut formant couronnement, celle du bas simple agrafe, les deux ou le panneau complet (sauf les angles).	7.50
	128	Petites rosaces, boutons ou carré de feuilles pour angles de panneaux ne dépassant pas 0,05 de diamètre, l'un.	0.50
		MARBRERIE	
	129	Carrelage en marbre, en carreaux blancs et noirs, de 0,25 à 0,30 de côté, y compris pose et ajustage par le marbrier et le ponçage après le travail fini, le mètre carré.	18.00
	130	Le même, avec bandes de 0,15 à 0,20 de large, le mètre carré. .	20.00
	131	Carrelage en grands carreaux blancs de 0,50 de côté avec pans coupés rouge griotte et avec bandes, le mètre carré.	24.00

Observations.	Nos d'Ordre.	DÉSIGNATION ET NATURE DE L'OUVRAGE.	Prix.
			F. C.
	132	Carrelage en grands carreaux blancs, marbre ordinaire, 2me choix, non poli, de 0,50 à 0,60 de côté, pour dallage de cour, basses-offices, trottoirs ou autres, le mètre carré.	15.00
	133	Marches d'escalier en marbre blanc dessus à boudin, filet et gorge, devant uni, le dessus de 0,028 à 0,03 épaisseur, le devant de 0,02, posées, mises en place et polies et poncées après coup, le mètre courant	15.00
	134	Paliers ou repos d'escalier en marbre, formé de dalles en marbre blanc à pans coupés rouges et à bandes, le mètre carré	24.00
	135	Les mêmes, en dalles blanches ou en grands carreaux sans bandes ni pans coupés.	20.00
	136	Marches d'escalier en marbre blanc, le dessus à simple boudin de 0,025 épaisseur, le devant de 0,02 pour escalier de service, le mètre courant.	10.00
	137	Tablettes ou tables en marbres, tranches de 0,02 épaisseur avec simple boudin ou quart de rond sur les bords pour étagères, plaques, appuis et revêtements, crampons et pose compris, le mètre carré. .	22.00
	138	Plinthes unies en marbre de couleur, jusqu'à 0,20 de hauteur, compris pose et crampons, le mètre courant.	7.00
	139	Grandes plinthes en marbre de couleur rose, jaune ou autre à crémaillères pour escalier riche de 0,15 au moins au-dessus de l'arête des marches, le mètre courant, en place.	20.00
	140	Plaques foyères en marbre blanc pour devant de cheminée, l'une. .	10.00
		La même, avec ressauts.	13.00
	141	Les mêmes, en couleur, sans ressauts.	16.00
	142	Les mêmes, avec ressauts.	18.00
	143	Châssis à rideaux en tôle forte et cadre en cuivre à moulures, à contre-poids ou à crémaillère de 0,50 à 0,60 de largeur et hauteur proportionnelle, l'un	15.00
	144	Double châssis, l'un en tôle forte, l'autre tout en cuivre, à dessin ou quadrillage à jour, pour pare-étincelles de 0,60 à 0,80 de large et hauteur proportionnelle, ce double châssis.	80.00
	145	Intérieur de cheminée en fonte ornée, à face formant gorge de 0,60 à 0,80 d'ouverture ou de vide sur la largeur et sur une hauteur proportionnelle sans frais de modèle, l'un.	110.00
		Le même, en trois pièces droites ajustées.	10.00
	146	Le même, sur modèle spécial, à gorge ornées, fait *ad hoc*, l'un. .	150.00
	147	Intérieur de cheminée en faïence, en trois pièces ajustées, l'un. . .	25.00
	148	Plaques pour sonnettes et poignée de porte d'entrée en marbre de couleur Levanto ou analogue, avec pans coupés et simple chanfrein sur l'arête, l'une.	22.00

Observations.	Nos d'Ordre.	Désignation et nature de l'ouvrage.	Prix.
			F. C.
		CHEMINÉES	
	149	Cheminée marbre blanc ordinaire à simple tablette à boudin et à coins ronds, avec cadre intérieur de 0,08 de large, pilastres unis à baguette formant frise et à plinthe formant socle sans revêtements, pose et crampons compris de 1,20 à 1,35 de longueur, l'une	25.00
		La même, en couleur bleu turquin, Fleury, Sainte-Anne, l'une. . .	32.00
	150	Même cheminée, avec tablette à doucine et à coins ronds, cadre à petite moulure et revêtements en marbre des deux côtés, l'une. . .	45.00
		La même, en couleur.	55.00
	151	Cheminée marbre blanc à pans coupés et petit modillon sur l'angle formant pilastre, frise à coins ronds ou à arc avec rosace au centre, sans cadre intérieur mais avec revêtements en marbre des deux côtés, de 1,25 à 1,40 de longueur, pose, garniture de pierre et crampons compris, l'une	100.00
	152	La même, en marbre de couleur rouge griotte ou fond blanc avec incrustations de couleur, l'une.	130.00
	153	Cheminée en marbre blanc, tablette à double moulure, cadre intérieur à moulures, pilastres à consoles, à moulures et à ressauts, frise à baguette et à panneaux avec pointes de diamant ou rosace au centre, les revêtements, en marbre unis de chaque côté, compris toute pose, garniture et crampons de 1,30 à 1,50 de longueur, l'une.	200.00
	154	La même, en marbre couleur griotte ou Levanto, vert de Corse ou analogue, l'une.	250.00
		Pour les autres cheminées, plus grandes ou de luxe, il sera traité de gré à gré.	
		ARDOISERIE	
	155	Carrelage en grands carreaux ardoises et petits carreaux marbre blanc, pose et fourniture, le mètre carré	14.00
	156	Ardoise d'Italie en plaques de 0,025 épaisseur pour appuis de fenêtre, soubassement, plaques de revêtements, étagères, compris pose et fourniture, le mètre carré.	14.00
	157	Un siége en ardoise pour lieux, en plaques de 0,03 épaisseur, avec dossier, côtés et plinthes, lunette en bois blanc, l'un.	35.00
	158	Un urinoir d'angle de 0,40 de côté et 0,30 d'élévation.	30.00
	159	Un urinoir de face complet, à deux places.	95.00
	160	Un » » à quatre places.	175.00
	161	Marches d'escalier, jusqu'à 1m30 de long avec sa contre-marche, le mètre courant	9.00

Observations.	Nos d'Ordre.	Désignation et nature de l'ouvrage.	Prix. F. C.
	162	Toiture ou couverture en ardoises d'Angers, carrées fortes, avec clous en fer galvanisé, le mètre carré	6.50
	163	La même, en petites écailles, mêmes clous, le mètre carré	10.00
		Avec clous en cuivre, le prix sera augmenté par mètre carré de. .	0.75

CHARPENTE

Observations.	Nos d'Ordre.	Désignation et nature de l'ouvrage.	Prix. F. C.
	164	Charpente d'assemblage pour grosses fermes de toiture, planchers d'assemblage, poutres armées et gros travaux en bois de sapin de 1re qualité, compris toutes façons, fournitures, levage et mise en place, le mètre cube.	90.00
	165	Charpente d'assemblage en même bois, pour toiture ou ferme compliquée, pentes de brisis, sablières, noues, chevrons, de jouée, etc., le mètre cube, compris toute pose, fourniture, levage et mise en place.	110.00
	166	Les pannes, lorsqu'elles seront réglées, posées, coupées, taillées et mises en place par le charpentier, seront payées, le mètre cube. . .	85.00
	167	Voligeage plein en planches de 0,025 à 0,028 d'épaisseur parfaitement jointif et redressé les faces brutes et non rabotées, le mètre carré.	3.50
	168	Un coyau, n'importe la forme ou dimension, l'un.	1.50
	169	Une chantignolle, compris pointes et mise en place, l'une.	1.25
	170	Une lucarne droite ou cintrée, dimensions ordinaires, posée sur pente de brisis ou autres, compris l'ossature et le voligeage plein de toutes ses parties, finie et mise en place, façon et fourniture. . . .	45.00
Pointes comprises.	171	Travettes doubles, quand elles seront fournies, posées et clouées par le charpentier, le mètre courant.	0.80
	172	Travettes simples, dans les mêmes conditions.	0.40
	173	Une entaille double mâle et femelle (sur bois, non compris dans la charpente), l'une.	1.50
	174	Le mètre carré de rabotage sur bois de charpente.	0.20

MENUISERIE

Observations.	Nos d'Ordre.	Désignation et nature de l'ouvrage.	Prix. F. C.
	175	Une croisée d'appui, façon ordinaire, jet d'eau, petit bois et pièce d'appui en chêne, bâtis de 0,038m, volets brisés de 0,028 à 0,030m, le mètre carré.	17.50
	176	Persiennes ordinaires, quatre rangs de lames non brisées, bâtis de 0,038m épaisseur, le mètre carré.	12.50
	177	Les mêmes persiennes brisées en quatre parties, le mètre carré. .	14.50

Observations.	Nos d'Ordre.	Désignation et nature de l'ouvrage.	Prix.
			F. C.
	178	Croisée à balcon, grande façon, avec panneaux pleins dans le bas, le bâtis de 0,048 d'épaisseur, jet d'eau, petit bois et pièce d'appui en chêne, les volets brisés comme ci-dessus, le mètre carré.	20.00
	179	La même, sans panneaux pleins dans le bas, le mètre carré. . . .	19.00
	180	Croisée à balcon, grande façon et à imposte ouvrant (même épaisseur), à glace, montants et traverses de même largeur formant la croix avec panneaux pleins dans le bas, le mètre carré.	23.00
	181	La même, sans panneaux pleins dans le bas, le mètre carré . . .	22.00
	182	Persiennes à balcon, brisées en 4 parties, avec montants et traverses répétant celles du châssis, le mètre carré (0,040m épaisseur)	16.50
	183	Les mêmes avec lames américaines, le mètre carré	17.50
	184	Portes à 2 vantaux, moulures à listel, formant saillie et cadre, 3 panneaux sur la hauteur, 2 parements (0,040 épaisseur) le mètre carré.	16.50
	185	Porte à 2 vantaux, belles moulures en saillie formant cadre de 6 centimètres de largeur, 3 panneaux sur la hauteur, 2 parements (0,045 épaisseur) le mètre carré	18.50
		Chaque angle arrondi concave ou convexe dans le cadre des panneaux sera payé en sus, l'un	1.00
	186	Portes à frise à 1 ventail, 2 parements, moulures du n° 184, le mètre carré	13.00
	187	Les mêmes avec moulures du n° 185, le mètre carré	15.00
	188	Porte à 1 ventail, 1 parement, moulures ordinaires, le mètre carré.	10.00
	189	Porte de placard à frise, 3 panneaux sur la hauteur, moulures à listel, 1 parement à 1 ou 2 vantaux, le mètre carré	12.50
	190	Porte à 1 vantail, 2 parements, moulures ordinaires, le mètre carré.	11.50
	191	Porte de placard ou dépense à 3 traverses sans moulures, le mètre carré	8.50
	192	Porte rase d'un côté, à traverse apparente de l'autre, le mètre carré.	9.00
	193	Porte rase des deux côtés, le mètre carré.	9.50
	194	Porte double, de terrasse ou de cave, le mètre carré.	11.00
	195	Porte à claire-voie pour cave, le mètre carré	8.50
	196	Porte à deux vantaux pour paliers, rases intérieurement et doublées (l'extérieur comme au n° 185) coûteront en plus de celle-là, par mètre carré	3.00
	197	Chambranle de 0,07 de largeur, belle moulure, le mètre courant .	0.75
	198	id. 0.10 id. id.	1.00
	199	id. 0,15 id. id.	1.50
	200	Petit chambranle de 0,05, moulures ordinaires, le mètre courant. .	0.50
	201	Baguette d'angle ou quart de rond fort pour couvre-joint, le mètre courant	0.40
	202	Liteaux pour tapis, en chêne, le mètre courant.	1.00

Observations.	Nos d'Ordre.	DÉSIGNATION ET NATURE DE L'OUVRAGE.	Prix.
			F. C.
	203	Plinthes ordinaires de 0,11 hauteur, taquets fournis, le mètre courant.	0.50
	204	Plinthes à crémaillères unies pour escaliers, le mètre courant. . . .	2.50
	205	Plinthes formant stylobate de 0,20 à 0,30 de hauteur avec moulures saillantes à l'arête supérieure et congé au-dessus de la plinthe pour parties droites, le mètre courant.	1.50
	206	Les mêmes, à crémaillères pour escaliers, le mètre courant. . . .	3.50
	207	Étagères en bois de 0,028^{m} épaisseur, le mètre courant.	4.65
	208	Dessus de rampe en noyer vernis, dimensions ordinaires, posé et mis en place, le mètre courant	6.50
	209	Dessus de rampe, même bois, forte dimension, profil riche, le mètre courant	10.00
	210	Siége en noyer vernis pour lieux à l'anglaise, assemblé à panneaux, l'un, tout fini et mis en place.	45.00
	211	Châssis vitré, ordinaire, sur dormant, le mètre carré.	9.00
	212	Châssis vitré, grande façon, avec traverses et montants ou petit bois intermédiaire, belle moulure, le mètre carré	12.00
	213	Caisses à eau, ordinaires, assemblées à queue d'aronde, le mètre carré de surface développée	6.50
	214	Dessus desdites caisses à simples planches jointives et à deux traverses apparentes, le mètre carré.	3.25
	215	Buquets pour étagères.	0.50
	216	Lambris d'appui, pour soubassement, à panneaux recouverts ou à cadre à simple moulure 1/2 saillante, compris plinthe et cymaise de couronnement, le mètre carré, tout compris	11.00
	217	Même lambris d'appui, mais avec panneaux de moulures saillantes ou à table saillante riche, à gorge et filet, plinthes en forme de stylobate, astragale et cymaise riche, le tout compris, le mètre carré. . .	15.00
	218	Une porte d'entrée de maison en noyer vernis, à 2 vantaux (doublée en bois blanc uni à l'intérieur), avec 3 panneaux sur la hauteur, celui du bas à forte table saillante ou pointe à diamant, les deux autres avec belles moulures saillantes, compris plinthe à gorge et corniche à larmier, également en noyer, pilastre ou baguette riche pour couvre-joint, le mètre carré.	190.00
		Pour les mêmes portes plus riches et suivant dessin, on traitera de gré à gré.	
	219	Les portes vitrées à 1 ou 2 vantaux et ayant les mêmes bâtis et moulures que les portes pleines, seront comptées savoir :	
		1° Celles ayant un petit bois vertical au centre du panneau supérieur, sans distinction de prix avec les portes pleines, de même genre ;	
		2° Celles ayant le panneau supérieur à glace, c'est-à-dire entièrement vide, un dixième en moins que les portes pleines, de même genre ;	
		3° Celles ayant dans le panneau supérieur une série de comparti-	

OBSERVATIONS.	Nos d'Ordre.	DÉSIGNATION ET NATURE DE L'OUVRAGE.	PRIX. F. C.
		ments, de grecques ou de croisillons, un dixième en plus que les portes pleines de même genre ;	
		4° Les portes de tambour vitré, sur dessin spécial ou de grande dimension et de plus forte épaisseur, seront traités de gré à gré.	
	220	Parquet en bois du Nord, en planche de 0,11 centimètres et de 0,027m épaisseur, assemblées à rainures et languettes posées sur lambourdes de 0,05 + 0,08, clouées sur les joints à pointe cachée, tout fini, raboté et mis en place, y compris la fourniture des lambourdes, le mètre carré	10.00
	221	Le même, à bâtons rompus ou à fougère, le mètre carré	11.00
		Pour les parquets en chêne et à dessin, il sera traité de gré à gré avec des entrepreneurs spéciaux.	
	222	Dormants d'alcove de 0,05 d'équarrissage avec baguettes sur les arêtes y compris un petit chambranle ou cadre de 0,05 cent. de large comme couvre-joint et saillie proportionnelle, le mètre courant	2.00
	223	Petite corniche ou cymaise à deux faces pour couronnement de barrière, cloison ou autres, de 0,10 de saillie et de 0,06 de hauteur, le mètre courant	2.25
	224	La même, sur une seule face, 0,05 de saillie jusqu'à 0,10 de hauteur, le mètre courant	1.80
		SERRURERIE, FERRONNERIE, QUINCAILLERIE APPLIQUÉE, FONTES ET GROS FERS	
	225	La ferremente d'une croisée d'appui, ordinaire, 3 fiches ordinaires de 0,11 cent. sur la hauteur, espagnolette de 0,016m, poignée et supports évidés, les volets brisés, la persienne extérieure non brisée, ferrée avec quatre pentures à équerre et gonds, espagnolette de 0,015m, poignée pleine, goujons, dardennes, pattes et tourniquets, l'ouverture complète.	21.00
	226	La ferremente d'une croisée à balcon ordinaire, 4 fiches à 3 lames sur la hauteur, ouvrant toute la hauteur, espagnolette de 0,018m verticale en fonte, les volets brisés, ferrés sur la même fiche, la persienne brisée ferrée avec charnières à T et fiches de brisure, espagnolette ordinaire à poignée pleine de 0,016m, l'ouverture complète, compris goujons, dardennes, pattes entaillées, agrafes, lacets, etc., etc.	35.00
	227	La même, mais avec le châsssis du haut ouvrant à part, l'espagnolette s'arrêtant à l'imposte, le châssis ouvrant ferré avec verrous en cuivre entaillés, le reste comme dessus, l'ouverture complète, l'une .	38.00
	228	Mêmes croisées à balcon qu'au n° 223, mais ferrées pour le châssis, avec paumelles à H à 3 lames au lieu de fiches à 3 lames, le prix de l'ouverture complète sera augmenté de.	4.00

OBSERVATIONS.	N^os d'Ordre.	DÉSIGNATION ET NATURE DE L'OUVRAGE.	PRIX.
			F. C.
	229	La même que ci-dessus, mais sans volets ni persiennes pour ouverture à glace, à double châssis, ce double châssis ferré comme l'autre avec paumelles et une crémone à poignée, en cuivre, brisée, *ad hoc*, les deux châssis renforcés d'équerres entaillées aux angles, avec targettes en cuivre à onglet, espagnolette de 0,018^{m} verticale, en fonte pour le châssis intérieur, les deux châssis ensemble, soit l'ouverture complète, sans la persienne	50.00
	230	La même, y compris la persienne brisée dans le tableau, avec espagnolette à verrou dans les bas.	68.00
	231	Ferremente d'un abat-jour ou persienne non brisée, jusqu'à 2,30 de haut pour croisée ordinaire d'appui avec quatre pentures à équerre et gonds, espagnolette de 0,015^{m}. poignée pleine, compris goujons, dardennes et tourniquets, l'une	12.50
	232	La même, brisée dans le tableau en 4 parties avec 6 charnières à scellements entaillées, 6 fiches de brisure, espagnolette comme au n° 231, compris goujons, dardennes, etc., l'une.	13.50
	233	La même, brisée dans le tableau, pour ouverture à balcon, jusqu'à 3 m. 30 hauteur, 8 charnières et 8 fiches de brisure, espagnolette de 0,016^{m}, formant verrou dans le bas, compris goujons et dardennes, l'une.	18.00
	234	Ferremente d'une croisée à balcon servant de porte, même genre et mêmes fiches qu'au n° 233, avec espagnolette à double effet, à poignée plate en fer, y compris le bec de canne à boutons de cuivre de la partie ouvrante, l'une	25.00
	235	Ferremente d'une porte à 2 vantaux, 8 fortes fiches, verrous entaillés, serrure à l'anglaise de 1re qualité, avec double bouton cuivre, l'une.	15.00
	236	La même, avec double boutons porcelaine et paumelles à H au lieu de fiches, l'une.	20.00
	237	La ferremente d'une porte à 1 vantail, 3 fiches sur la hauteur, serrure anglaise et double bouton cuivre, comme ci-dessus, l'une	9.00
	238	La même, avec paumelles et double bouton porcelaine.	14.00
	239	La ferremente d'une porte rase, 3 fiches, 1 bec de canne à arrêt, double bouton cuivre.	5.50
	240	La même avec 2 boutons porcelaine	6.50
	241	La ferremente d'une porte de placard, 3 fiches, une petite serrure de 0,08 cent., l'une	5.00
	242	La ferremente d'une porte double de terrasse ou de cave à 1 ventail, ferrée, avec 2 pentures à équerre et gonds, gâche et serrure à canon de 16 cent., l'une	7.50
	243	Le mètre courant de rampe ordinaire à barreaux droits de 15 millimètres, sans ornements, avec 2 architraves carrés et un fenillard ou demi-rond pour main-courante, y compris montants en fer carrés tous les deux mètres, pour terrasse ou balustrade.	14.50

Observations.	Nos d'Ordre.	Désignation et nature de l'ouvrage.	Prix.
			F. C.
	244	La même, pour escalier de service, avec plate-bande demi-ronde au-dessus et feuillard sur limon, avec ornement au milieu du barreau, le mètre courant	15.00
	245	Rampe sur marche 1/2 anglaise, 3 ornements, barreaux de 16 millimètres, fer carré, percé de trous pour la main-courante, le mètre courant	20.00
	246	Rampe à l'anglaise 3 ornements sur pitons saillants, l'architrave en fer carré percé de trous comme ci-dessus, le mètre courant.	28.00
	247	Fers pour tirants ordinaires, n'importe la dimension, les 100 kil .	46.00
	248	Fers pour étriers de poutre, forts colliers, fortes équerres, pattes coudées, consoles en fer carré, crampons de socle, gros boulons, grille de cave ordinaire à barreaux ronds et traverses méplates, et travaux analogues, compris clous forgés, trous, pose et mise en place, les 100 kil.	75.00
	249	Fers double T, pour planchers, depuis 0,10 jusqu'à 0,22 hauteur et 7 m. 50 longueur, compris pose, coupage à la demande, dressage et mise en place et tous moisage ou boulonnage, les 100 kil.	38.00
	250	Les mêmes fers, larges ailes, sera payé en plus, les 100 kil. . . .	6.00
	251	Fers cornières ou fer à simple T, compris trous et clous forgés, les 100 kil., posés et mis en place	50.00
	252	Chaque équerre avec boulons nécessaires pour enchevêtrure de solive, compris entaille du fer, s'il y a lieu, sera payé en sus, l'une. . . .	3.00
	253	Fer à double T, assemblé par des boulons, des plaques et des frettes à chaud, pour poitrails, poutre de force, linteaux et travaux analogues, compris patins, cales et autres nécessaires, ainsi que le levage et la mise en place, les 100 kil.	50.00
	254	Charpente en fer pour toiture, fermes et travaux analogues, composées de fers à T, de cordes en fer rond, sabots et bielles en fonte, cales, plaques de jonction, etc., y compris trous, boulons, écrous et tous travaux nécessaires, ladite charpente levée et mise en place, les 100 kil.	75.00
	255	Charpente en fer pour ossature d'escalier, composée de fers à T avec enchevêtrures, limon et genoux à la demande. compris trous, boulons, équerres, etc,, etc., et tous travaux nécessaires, les 100 kil.	80.00
		Nota. — Pour ces deux sortes de charpentes, il ne sera rien compté en sus du poids total, pour équerres d'enchevêtrures, boulons, tire-fonds et autres objets nécessaires qui sont compris dans le prix des 100 kil.	
	256	Colonnes en fonte (2me fusion) jusqu'à 6 m. 50 de hauteur, n'importe le diamètre ou la forme, compris patins et cales en fer, posées et mises en place, les 100 kil.	34.00
	257	Les mêmes, avec alésage pour être superposées, y compris tous frais de modèle, s'il y a lieu, les 100 kil.	37.00
	258	Colonnes en fer, rondes ou carrées ou rectangulaires, compris équerres, plaques, patins et cales, les 100 kil.	50.00

Observations.	Nos d'Ordre.	DÉSIGNATION ET NATURE DE L'OUVRAGE.	Prix.
			F. C.
	259	Châssis en fer, rond ou carré, avec traverses nécessaires pour recevoir un fil de fer maillé, les 100 kil.	75.00
	260	Fil de fer maillé en treillis, des nos 8, 9 et 10, les mailles de 0,03 de vide environ, le mètre carré.	4.50
	261	Le même, en fil de fer galvanisé, le mètre carré	5.00
	262	Persiennes en tôle (même configuration que le bois), avec montants en fer, lames en feuillard ondulé rivées dans l'épaisseur, avec ou sans panneaux dans le bas, non brisées, compris espagnolette, gonds et toute fermeture nécessaire, les 100 kil.	150.00
	263	Les mêmes, brisées dans le tableau, les 100 kil.	200.00
	264	Montage et pose de grands balcons en fonte.	
		(1) Le fer employé pour montants, architraves et main-courante, sera payé, toutes façons et fournitures comprises, les 100 kil. . . .	75.00
		(2) L'ajustage et le montage de la fonte, savoir:	
		Pour balcons ordinaires, n'importe le dessin, mais sans feuilles, figures ou ornements rapportés, le poids de la fonte à raison de, les 100 kil.	15.00
		(3) Pour balcons compliqués avec rivures et applique de figures, feuilles ou ornements quelconques, les 100 kil. de fonte.	25.00
	265	Montage, exécution et pose des rampes en fonte des grands escaliers.	
		(1) Le fer pour le montage, l'encadrement des panneaux et le mode de fixation sur le limon sera payé, toutes façons et fournitures comprises, les 100 kil.	100.00
		(2) Le montage de la fonte, les 100 kil. de fonte.	35.00
		(3) Les quartiers tournants en fer forgé et selon le travail seront évalués à tant la pièce.	
	266	Pour les rampes riches, toutes en fer, le prix sera fixé de gré à gré, suivant le travail.	
	267	Fers pour ciels-ouverts ordinaire, les 100 kil.	75.00
	268	id. id à plusieurs pentes compliquées ou à dômes.	100.00
	269	Fer pour enclastre de potager, les 100 kil.	85.00
	270	Porte à deux vantaux en tôle, pour lesdits, avec boutons en cuivre, encadrement, rosaces à jour, droites ou cintrées.	12.00
	271	Grilles pour fenêtres à barreaux ronds, avec traverses plates coudées à équerre, culs de lampes et fleurons en fonte à chaque barreau, pose et mise en place, les 100 kil.	90.00
	272	Serre, verandha ou marquise, en fer et tôle, pour jardin, terrasse et autre, comprenant des parties fixes et ouvrantes, les panneaux du bas pleins en tôle, les parties verticales et de toiture pour être vitrées y compris cheneau, consoles et découpures en fonte pour faîtage et devant de cheneau, les 100 kil.	160.00
	273	Fonte pour plaques de cheminées, les 100 kil.	25.00
	274	Fonte pour fourneaux et réchauds de potager, les 100 kil.	35.00

Observations.	Nos d'Ordre.	Désignation et nature de l'ouvrage.	Prix.
			F. C.
	275	Fonte pour tuyaux d'eau ou de lieux de tout diamètre, les 100 kil.	35.00
	276	Fonte pour regards d'égoûts et autres, les 100 kil.	40.00
	277	Supports pour rideaux jusqu'à 0,50 de saillie, l'un, ...	1.00
	278	Fort collier à charnières pour tuyaux, de 0,15, avec tige à scellement, l'un.	1.50
	279	La ferremente d'une devanture de magasin, le nœud de charnière fourni et mis en place	6.00
	280	L'espagnolette des volets, l'une.	15.00
	281	Les loquets à ressorts, serrure, agrafes, goujons et dardennes, le tout par devanture	18.00
	282	La ferremente d'une porte d'entrée à deux vantaux, ferrée sur colonne et pivot, avec feuillard à congé, espagnolette à double effet, serrure Fichet ordinaire, l'une.	230.00
	283	Un verrou ordinaire de sûreté pour porte d'entrée, système Fichet, l'un, posé et mis en place	35.00
	284	Une chaîne de sûreté, ses plaques et crochets et son couliseau en cuivre, pour porte d'entrée, système Fichet, l'une.	15.00
		PLOMBERIE, ZINC, CUIVRE ET TOLES	
	285	Gouttière ronde en zinc n° 14. dimensions ordinaires, compris les fonds, soudures, fils de fer et supports, mise en place, le mètre courant	3.75
	286	Gouttière ronde en zinc n° 16, formant membron au-dessus des pentes de brisis, compris tous supports et fonds, le mètre courant. .	4.50
	287	Gouttière à doucine en zinc n° 16, de 0,50 de développement, compris tout supports et fonds, le mètre courant.	5.50
	288	Cheneau en zinc n° 16, de 0,80 de développement, y compris le boudin formant couronnement à l'extérieur, le mètre courant.	8.50
	289	Même cheneau, de 1 m. de développement, le mètre courant. . .	9.50
	290	Bande en zinc formant gorge, avec bande d'agrafe, pour recouvrement extérieur des corniches de couronnement et son raccord avec le boudin du cheneau, de 0,35 à 0,50 de développement, le mètre courant.	3.50
	291	Tuyau de descente en zinc n° 14, de 10 cent. de diamètre, compris tous colliers à charnières et supports, le mètre courant.	3.50
	292	Tuyau de descente en tôle cannelée et ornée de 0,10 de diamètre, compris tous colliers et supports, le mètre courant	8.50
	293	Tuyau de descente en fonte, de 0,10 de diamètre, compris les colliers en fer, le mètre courant	5.50
	294	Un robinet de pile en cuivre, à tête et raccord, orifice et dimensions ordinaires, l'un	6.00

Observations.	Nos d'Ordre.	DÉSIGNATION ET NATURE DE L'OUVRAGE.	Prix.
			F. C.
	295	Une grille de pile en cuivre, mise en place, l'une.	1.50
	296	Tuyau de descente pour lieux, de 0,16 de diamètre, en zinc n° 16, compris tous colliers et supports, le mètre courant	
	297	Un entonnoir et son tuyau en zinc, n° 16, pour lieux	6.00
	298	Une bayonnette double de 0,15 à 0,18, en zinc n° 16, pour lieux. .	6.00
	299	Un mètre carré de couverture en zinc n° 14, sur toiture, posée à libre jeu, y compris tasseaux en bois, couvre-joints, bandes d'agrafes et solins, mesurée sans aucun développement en feuilles de 0,80 de largeur.	8.00
	300	De couvertures, dans les mêmes conditions, en feuilles de 0,60, le mètre carré, mesuré comme ci-dessus	9.00
	301	De couverture compliquée, flèche ou dôme ou avec nombreuses pénétrations, en feuilles de 0,60 au plus, mesurée comme ci-dessus, le mètre carré.	10.50
	302	Plomb laminé en tables, pour doublage de caisse ou autres revêtements, solins, branches de noues et autres, compris pose et soudure, les 100 kil.	90.00
	303	Plomb pour tuyaux repoussés, de tous calibres, compris tous frais de pose, ajustement et soudure, les 100 kil.	90.00
	304	Une cuvette en porcelaine, avec appareil inodore et à effet d'eau, grandeur et mécanisme ordinaire, système Dalmas, fournie et mise en place	60.00
	305	Bande en zinc n° 14, pour recouvrement de cordon, retours ou saillie quelconque, y compris boudin et bandes d'agrafes, le mètre carré, en place.	7.00
	306	Robinet à deux eaux en cuivre, de 0,015^{m} d'orifice, compris pose, soudure et mise en place, l'un.	6.25
	307	Robinet en cuivre à tête et raccord avec rosace, dit robinet à clapet (système Menudet ou analogue) de 0,015 d'orifice.	14.00
	308	Robinet à boîte à graisse de 0,015^{m} d'orifice pour pression d'eau. .	7.50
	309	Chaque jet en cuivre fondu à bec à corbin de 0,015^{m} d'orifice. . .	3.25
		PEINTURE, DORURE ET VITRERIE	
	310	Peinture à l'huile trois couches, n'importe le ton, compris le frottage, masticage et ponçage, le mètre carré.	0.90
	311	Peinture au vernis, une couche à l'huile, trois couches au vernis, tous travaux préparatoires compris, le mètre carré.	1.25
	312	Peinture au vernis comme dessus, dont une à l'huile à deux tons, le mètre carré.	1.35
	313	La même, pour chaque ton en sus sera augmentée par mètre carré de.	0.10

Observations.	Nos d'Ordre.	DÉSIGNATION ET NATURE DE L'OUVRAGE.	Prix.
			F. C.
	314	Peinture en faux-bois ordinaire de toutes qualités, compris trois couches à l'huile et une au vernis copal blanc, le mètre carré	2.50
	315	Le même, mais très soigné, sur fond glacé et très uni, le mètre carré.	3.00
	316	Peinture en faux-marbre de toutes couleurs, y compris toutes préparations, le mètre carré.	3.00
	317	Le même, très soigné, comme ci-dessus, le mètre carré.	3.50
		Nota. — Ces peintures seront augmentées de 0,40 cent. par mètre carré lorsqu'elles seront faites sur mur, pour la couche d'encollage ou autres préparations.	
	318	Grisaille mate au vernis copal blanc ou à l'huile d'œillette à 2 tons, trois couches sur deux couches d'impression, le mètre carré, compris tous travaux préparatoires.	1.90
		Nota. — Pour ces peintures et lorsque en dehors des travaux préparatoires ordinaires il aura été passé sur le fond un enduit à l'huile sur masticage à la céruse, il sera accordé en sus et par mètre carré savoir :	
		Sur parties unies.	0.60
		Sur parties ornées de moulures.	0.90
	319	Plinthes ou devants de marche de 0,11 à 0,15 hauteur, en ton uni, trois couches, le mètre courant.	0.20
	320	Les mêmes, en faux-bois ou marbre, le mètre courant.	0.50
	321	Plinthes à crémaillères pour escalier jusqu'à 0,30 hauteur, le mètre courant.	0.80
	322	Moulures au blanc d'argent, deux couches, le mètre courant. . . .	0.15
	323	Gouttières de tous genres à l'huile, trois couches, le mètre courant.	0.50
	324	Tuyaux de descente à l'huile, trois couches, le mètre courant. . . .	0.35
	325	Rampe à barreaux droits, avec ou sans ornements, trois couches dont deux au vernis, le mètre courant.	1.25
	326	La même bronzée à l'effet, le mètre courant.	1.75
		Ces rampes seront augmentées de 0,30 centimes par mètre courant, lorsqu'elles auront été imprimées sur une forte couche de minium à l'huile.	
	327	Rampe sur limon à dessin riche, bronzée à la poudre, acier poli ou blanc d'argent, le mètre courant.	2.50
	328	Filet d'épaisseur ou galon jusqu'à 0,03 de large, le mètre courant.	0.10
	329	Tirants et tringles en fer jusqu'à 0,15 de développement, au minium, deux couches, le mètre courant.	0.10
	330	Fers à planchers, charpente ou analogues, deux couches minium, le mètre carré.	0.50
	331	Peinture à la colle sur plafonds, trois couches sur une couche d'encollage, le mètre carré.	0.35

OBSERVATIONS.	Nos d'Ordre.	DÉSIGNATION ET NATURE DE L'OUVRAGE.	PRIX. F. C.
	332	La même, soignée, blanc mat ou teinte tendre, le mètre carré. .	0.50
	333	Chaque pièce de ferrure, rechampie au vernis, deux couches. . . .	0.10
	334	Les mêmes, bronzées à l'effet et vernies.	0.15
	335	Le mètre carré de toile calicot pour plafond, parfaitement collée et marouflée, y compris la couche d'encollage ou de préparation pour recevoir la peinture.	1.75
		DORURE	
	336	Dorure à l'or demi-jaune sur murs, plafonds ou boiseries, parties unies ou à moulures et ornements compris, une couche de teinte et toute préparation ou mixtion sera payée, le mètre carré.	35.00
	337	La même, à l'or jaune (à 70 fr. le millier).	45.00
	338	La même, à l'or grand jaune (à 80 fr. le millier).	55.00
	339	Dorure à l'or demi-jaune sur couche de préparation teinte dure, mixtion et matage pour partie de moulures, ladite jusqu'à 0,03 de largeur, le mètre courant.	1.00
		VITRERIE	
	340	Verre simple ordinaire 1re classe, en place, compris pose, déchet, masticage et pointes, le mètre carré.	4.50
	341	Verre demi-double pour ciel-ouvert, coupé à pointes de diamant, avec le recouvrement nécessaire, y compris pose et masticage, le mètre carré.	7.50
	342	Même verre demi-double, pour ciel-ouvert, posé entre deux mastics, les recouvrements voulus, coupés en courbe et mastiqués, travail soigné, le mètre carré.	9.00
	343	Verre simple blanc, de Paris, le mètre carré.	5.50
	344	Verre demi-double, blanc, de Paris, 1re classe, le mètre carré. . .	8.50
	345	Verre simple, blanc, de Paris, dépoli 1er classe, le mètre carré. . .	10.00
	346	Verre simple cannelé.	10.00
		Pour les dalles en verre forte épaisseur, on traitera directement et de gré à gré.	

Observations.	Nos d'Ordre.	Désignation et nature de l'ouvrage.	Prix.
		PEINTURE ET GRAVURE SUR VERRE ET GLACE	Le mètre carré et suivant travail
		FAÇON DE CES TRAVAUX (1).	de F. à F.
	347	Depoli ordinaire mat, à l'acide.	3 à 8
	348	id. translacide.	8 à 20
	349	Gravure, fond transparent, mat ou translacide, pour filets et coins.	25 à 35
	350	Même travail, avec motif, milieu gravé, d'après l'emplacement, pour travaux courants	45 à 55
	351	Gravure modelée, avec chiffres et armoiries.	100 à 200
	352	Grande décoration pour châssis horizontaux, plafonds lumineux et grandes glaces d'intérieur, suivant l'importance du dessin . . .	60 à 200
	353	Lettres pour inscriptions (en plus de la gravure), lettres simples.	2 fr.
	354	id. id. lettres ombrées.	3 fr.
		COMPRIS FOURNITURE.	
	355	Mise en plomb blanc et de couleur, suivant l'importance . . .	15 à 80
	356	id. id. grisaille.	60 à 200
	357	Vitraux pour monuments, avec personnages	120 à 350
	358	Vitraux d'appartements	200 à 400
		SONNETTERIE	F. C.
		Sonnettes et timbres d'annonce.	
	359	Trous de cloison.	0.40
	360	id. de murette, jusqu'à 0,22 épaisseur.	0.75
	361	id. de mur, jusqu'à 0,55 épaisseur.	1.50
	362	id. de plafond et plancher.	1.50
	363	Mouvements en cuivre (monture extra.).	1.50
	364	id. en fer, à scellements	1.75
	365	Bascules à fourreau en fer, à viroles, branches en cuivre, jusqu'à 15 centimètres	3.50
	366	» de 15 à 50 centimètres	4.50
	367	Bascules de trumeau à fourreau et branches en fer, jusqu'à 50 centimètres	5.50
	368	Fil de fer étamé ou galvanisé du n° 8, le mètre.	0.15

(1) Le verre ou la glace est en sus.

Observations.	Nos d'Ordre.	Désignation et nature de l'ouvrage.	Prix.
			F. C.
	369	Ressorts élastiques et boucles de jonction, chacun.	0.50
	370	Sonnettes montées, à filets tournés (de même diamètre en centimètres que le chiffre des numéros ci-dessous) : Nos 7 8 9 10 11 12 Fcs 4.50 5.00 6.00 7.00 8.50 10.00	
	371	Timbres (montures DM à vis), calotte acier galvanisé, jusqu'au n° 8.	4.00
		Au-dessus, par centimètre en plus, (jusqu'à 0,16 cent.).	1.00
		Cordons d'ouverture.	
	372	Mouvements en fer toutes formes.	2.00
	373	id. à trois branches	3.00
	374	id. montés sur platines.	3.25
	375	id. à bascule à bouton.	3.75
	376	Bascule à fort fourreau en fer, à viroles et à côtés, branches en fer, jusqu'à 10 centimètres.	6.00
	377	Coulisseaux piton cuivre, poignée bois.	3.50
	378	id. à embrasse, poignée cuivre	8.00
	379	Fil de fer noir n° 18, le mètre.	0.20
	380	Ressort de rappel acier.	2.75
	381	Refouloir à bascule, entaillé dans la gâche et tringle entaillée dans la feuillure, avec boîte à coulisse au bas.	35.00
		SONNERIE ÉLECTRIQUE	
	382	Pile (Leclanché au manganèse), n° 1, l'élément.	6.00
	383	id. n° 2, id.	8.00
	384	Sonneries (marques PP), à timbre, grelot ou clochette : Nos 6. 7. 8. 9. 10. 11. 12. 13. Fcs 11. 13. 16. 19. 22. 25. 28. 32.	
	385	Tableaux indicateurs (marque PP), au-dessous de 10 numéros, le numéro.	14.00
		id. au-dessus de 10 numéros, le numéro.	13.00
	386	Boutons, montures, contacts argents, bois divers ou porcelaines unie, chacun.	3.00
	387	Boutons à plusieurs touches, la touche.	4.50
	388	Tirage à baril (marque PP).	5.00
	389	Fil gutta-percha et coton, le mètre.	0.30
	390	Plaques de sonnettes en cuivre, dimensions et formes ordinaires, bouton à coulisse, l'une.	15.00
	391	Plaques de sonnettes, grande dimension, à bords chantournés et à	

OBSERVATIONS.	Nos d'Ordre.	DÉSIGNATION ET NATURE DE L'OUVRAGE.	PRIX.
			F. C.
		biseau, poignée à main dit quart de cercle, tournée à moulures ou à chanfrein, l'une	30.00
	392	Poignée seule en cuivre, avec forte tringle en fer poli et à lacet intermédiaire en cuivre à moulure sur plaque unie, le tout	35.00
		EAUX ET GAZ	
Conduite et sortie des eaux sales.		Travaux ordinaires exécutés par les fontainiers pour la sortie des eaux sales et leur conduite jusqu'aux égouts.	
	393	Construction d'un puisard sur le trottoir jusqu'à la profondeur voulue avec sa reculée, son dallage sur le radier et son regard en fonte sur cadre en bois, au niveau du trottoir, le tout	130.00
	394	Conduite extérieure en poterie vernie de 20 cent. de diamètre, compris tranchée à la profondeur voulue, rétablissement complet de la voie publique, la chaussée empierrée seulement, y compris barrière, éclairage, s'il y a lieu, et tous travaux dépendant de l'établissement de ladite conduite, le mètre courant	9.00
		La même, la chaussée en pavé cailloux	10.00
		La même en grès	11.00
	395	Percement de mur de cave à la sortie de la maison y compris une petite grille en fer à bascule, l'un	10.00
	396	Percement de mur de l'égout, par la Ville, y compris la même grille sur égout direct	35.00
		Sur branchement d'égout le plus voisin	48.00
		NOTA. — Le droit à payer à la Ville pour le déversement des eaux sales dans les égouts est de 50 francs par mètre de longueur de façade sur égout direct, et de 20 francs par mètre de façade sur branchement comme ci-dessus.	
Eaux du Canal.		Frais d'établissement à payer à la Ville, pour l'achat, la prise et l'installation des eaux pour 1/20 de module, quantité suffisante pour une maison ordinaire	215.00
		Redevance annuelle pour cette quantité	30.00
		Frais d'établissement, comme ci-dessus, pour 1/10 de module nécessaire à une grande maison	370.00
		Redevance annuelle pour cette quantité	40.00
		INSTALLATION DU GAZ	
		Prix des compteurs.	
Quantité de bec la plus usuelle pour une maison d'habitation.	397	Compteur pour 3 becs	60.00
	398	id. 5 id.	75.00
	399	id. 10 id.	95.00
	400	id. 20 id.	125.00

Observations.	Nos d'Ordre.	Désignation et nature de l'ouvrage.	Prix.
			F C.
	401	Tuyautage en plomb, compris toute pose, façon et bénéfices, le mètre linéaire, en place:	
		Tuyau de 0,040 milimètres de diamètre extérieur	5.00
		id. 0,035 id. id.	4.75
		id. 0,027 id. id.	3.35
		id. 0,020 id. id.	3.00
		id. 0,014 id. id.	1.80
		id. 0,010 id. id.	1.35
	402	Pour tous tuyaux ou fourrures, jusqu'à 0,10 de diamètre:	
		Un percement de cloison, jusqu'à 0,10 épaisseur	0.50
		Une entaille de bois	0.25
		Un percement de mur, de 0,50 épaisseur.	2.50
	403	Un fourreau en zinc depuis 15 jusqu'à 40 millim^tres de diamètre, le mètre linéaire.	1.00
		id. id. 40 id. 80 id. .	1.50
		id. id. 60 id. 80 id. .	2.25
	404	Une soudure de branchement ou de raccordement, 10/15 en moyenne.	0.50
	405	Dépose et repose de tuyaux, le mètre linéaire de 0,010.	0.60
		id. id. 0,014.	0.80
		id. id. 0,020 à 0,035. .	1 f. à 1.50
	406	Un manchon applique porte caoutchouc, la pièce.	3.50
	407	Une genouillère double, bec papillon, la pièce	10.00
	408	Une clef avec poignée en cuivre, la pièce	2.00
	409	Une clef en fer forgé, la pièce.	1.50
	410	Tuyau d'échappement en tôle fine, de 0,050 de diamètre, le mètre.	2.50
	411	Un robinet de compteur pour 3 becs	3.00
		id. id. 5 id.	4.50
		id. id. (3 eaux) 10 id.	6.50
		id. id. (3 eaux) 20 id.	10.00
	421	Un robinet de sûreté de 0,027.	10.00
		id. 0,020.	6.00

CALORIFÈRES

		Calorifères à air chaud, établis dans les caves du bâtiment.	
	413	Construction du massif en maçonnerie, compris tous déblais, et des murs du calorifère en briques de 0,22 épaisseur à joint découvert, ce calorifère adossé, ayant 3 faces seulement, 2 mètres sur chaque face, 2,25 hauteur, compris tiroir d'eau, cloche en fonte n° 2, 4 tambours en tôle, porte du foyer et grille du cendrier en fonte, avec son récipient en contre-bas, cape en tôle avec ses clefs et naissances de tuyaux distributeurs, tirants et armatures en fer nécessaires, et tous travaux accessoires dépendant de ladite construction, finie et achevée.	1150.00

Observations.	Nos d'Ordre.	Désignation et nature de l'ouvrage.	Prix.
			F. C.
	414	Tuyaux en tôle de 1 millimètre d'épaisseur et 0,20 cent. de diamètre (pesant 5 kil. 5 le mètre), pour conduite d'air chaud, posés et mis en place, compris tous colliers, fil de fer et supports, le mètre courant.	5.50
	415	Chaque coude ou branchement de tuyaux pour traversée de mur ou changement de direction, l'un.	4.00
	416	Canal couvert, en briques et maçonnerie ordinaire, pour prise d'air extérieur, de 0,50 × 0,60 de vide, compris tranchée, déblais et orifice de sortie, le mètre courant	16.00
	417	Une bouche de chaleur de 0,15 de diamètre, en cuivre poli, à grillage et rosace ouvrante, en place, l'une	14.00
	418	Une bouche de chaleur à coulisse, en tôle, sur cadre en fer ou fonte, avec grillage et coulisseau à bouton, l'une.	18.00
	419	Une bouche de chaleur sur plancher, en fonte alésée, à plaque tournante formant rosace, de 0,28 diamètre, l'une	25.00
	420	Un percement de mur de 0,50, l'un.	4.00
		id. 0,75, à 0,80, l'un	6.00
		Un percement de murette ou forte cloison, l'un.	2.00
		APPAREILS FONDET A AIR CHAUD POUR INTÉRIEUR DE CHEMINÉE	
	421	L'appareil complet, y compris les bouts de tuyaux en tôle pour raccord entre l'appareil et les bouches de chaleur, mais non compris lesdites bouches ni la prise d'air froid.	
		N° 1. . . . 0,45 largeur. . . . . l'un, mis en place. . .	50.00
		2. . . . 0,55 id. . . . . id. . . .	60.00
		3. . . . 0,65 id. . . . . id, . . .	70.00
		4. . . . 0,75 id. . . . . id. . . .	80.00
		5. . . . 0,85 id. . . . . id, . . .	90.00
		SUPPLÉMENT POUR ARTICLES DIVERS	
	422	Balustrade en briques, découpée à jour, trèfle fleurie, y compris socle de 0,25 de haut × 0,20 de large et bahut de 0,12 haut × 0,20 large, en pierre de taille d'Arles, le socle avec une gorge, le bahut avec un filet, un larmier et un talon de chaque côté, plus trois trous pour écoulement d'eau, le mètre courant, en place, y compris l'abreuvage au ciment (1 mètre hauteur totale)	16.00
	423	La même, avec brique gothique trilobée, le mètre courant.	17.50
	424	La même, avec balustres tournés, en pierre de taille d'Arles, au lieu de découpures, y compris os de mouton pour les fixer, le mètre courant.	24.00
	425	Tuiles faîtières à dessin, découpées à jour, le mètre courant, posées.	1.50

OBSERVATIONS.	Nos d'Ordre.	DÉSIGNATION ET NATURE DE L'OUVRAGE.	PRIX. F. C.
	426	Le mètre carré de couverture en tuiles plates rouges de tous systèmes, compris liteaux, fil de fer et pose en place.	3.75
	427	Le mètre cube de démolition de mur vieux, en élévation, y compris arrimage sur le chantier ou bardage à portée de chargement.	2.00
	428	Démolition de même maçonnerie, en fondation jusqu'à 2 mètres de profondeur, le mètre cube.	2.50
	429	Un mètre carré de démolition de murette en briques, n'importe l'épaisseur, y compris nettoyage des briques	0.50
	430	Un mètre carré de démolition de plancher ou toiture, compris enlèvement des poutres, descente et arrimage des bois et des vieux matériaux.	1.50
	431	Un mètre carré de démolition de cloison, lambris ou carrelage. . .	0.25
	432	Un mètre cube de pilotis en bois de pin gras en grume, n'importe la longueur, au-dessus de 2 mètres, enfoncés et battus à la sonnette jusqu'à refus du mouton, compris affûtage du bout en fer et récépage.	85.00
	433	Un mètre courant de pilotis en bois de pin gras du pays, jusqu'à 2 m. de long et 0,12 de diamètre moyen, enfoncé à la masse, compris affûtage et récepage	1.50
		OUVRAGES EN CIMENT DE LA VALENTINE	
	434	Un mètre carré d'enduit uni de 0,15 à 0,20m épaisseur, avec mortier composé de sable *ad hoc* et ciment à parties égales.	3.00
	435	Le même, avec tracé de joints simple, fini à la truelle brettée. . .	3.50
	436	Le même, avec refends évidés, finis à la truelle brettée, le mètre carré..	5.00
	437	Enduit pour pilastre de 0,50 à 0,60 largeur, uni, le mètre courant.	3.00
	438	id. avec tracé de joints, le mètre courant.	4.00
	439	id. avec refends, le mètre courant.	5.00
	440	Un mètre courant de bandeaux simples de 0,20 à 0,25 large, 0,03 épaisseur, pour encadrement de baie	2.50
	441	Le mètre courant de chambranle, avec moulures, mêmes dimensions que les précédents	3.00
	442	Le mètre courant de cordon à moulures de 0,20 à 0,30 et 0,10 de saillie au plus.	3.50
	443	Le mètre courant de corniche à moulures de 0,20 à 0,30 de saillie au plus, et 0,30 à 0,40 de hauteur	10.00
	444	Le mètre courant d'astragale ou architrave de 0,05 à 0,12 de hauteur et 0,05 de saillie au plus.	2.00

Observations.	Nos d'Ordre.		Prix. F. C.
		TARIF	
		DES JOURNÉES D'OUVRIERS ET DES MATÉRIAUX	
		JOURNÉES D'OUVRIERS	
	1	Chaque journée d'ouvrier terrassier (spécial)	3.25
	2	id. d'ouvrier mineur (et roctcur)	4.00
	3	id. de manœuvre ordinaire, homme	2.50
	4	id. de manœuvre fort, pour le mortier	2.75
	5	id. de manœuvre ordinaire, jeune	2.00
	6	id. de maçon ordinaire	4.00
	7	id. de maçon de choix	4.50
	8	id. de maçon de choix, conduisant une brigade ou un petit atelier	5.00
	9	id. de contre-maître, chef d'atelier important	5.50
	10	id. d'appareilleur tailleur de pierre	6.50
	11	id. de tailleur de pierre dure et poseur	5.50
	12	id. de tailleur de pierre tendre	5.00
	13	id. de contre-maître charpentier	6.50
	14	id. d'ouvrier charpentier de choix	5.50
	15	id. d'ouvrier charpentier ordinaire	5.00
	16	id. d'ouvrier menuisier (poseur et ajusteur)	5.00
	17	id. d'ouvrier serrurier id.	5.00
	18	id. d'ouvrier plombier-zingueur	5.00
	19	id. d'ouvrier peintre de choix (ou vitrier)	5.00
	20	id. d'ouvrier peintre ordinaire	4.50
	21	id. d'ouvrier peintre de choix, faisant le faux-bois et marbre	6.50
	22	id. d'ouvrier plâtrier de choix et stucateur	6.00
	23	d'ouvrier plâtrier ordinaire	5.00
	24	id. d'ouvrier marbrier poseur ou ciseleur	5.00
	25	id. d'ouvrier marbrier polisseur	4.00
	26	id. d'ouvrier scieur de long	6.00
Conducteur compris.	27	id. d'un tombereau à 1 collier, portant 0,50 cube	7.50
Conducteur compris.	28	id. d'un tombereau à 1 collier, portant 0,75 cube	9.00
Conducteur compris.	29	id. d'un tombereau à 2 colliers, portant 1 m. cube	12.00

Pour les prix d'applications ajouter 10 % en sus des prix ci-dessus, pour faux frais, outils et bénéfices.

Nota. — Dans certains cas et comme il est dit ci-avant, il pourra être alloué 1/20 en sus, soit 15 % au lieu de 10 %, pour certaines natures de travaux (cas à apprécier par l'architecte et à mentionner à part, s'il y a lieu).

Observations.	Nos d'Ordre.	MATÉRIAUX	Prix. F. C.
	30	Le mètre cube de gros sable grenu, de choix	6.00
	31	Le mètre cube de gros sable ordinaire, de bonne qualité.	5.00
	32	Le mètre cube de sable de Montredon, 1re qualité.	8.00
	33	Le mètre cube de chaux grasse éteinte, des meilleures provenances.	14.00
	34	Les 100 kil., de même chaux en pierre, cuite au bois	3.50
	35	Les 100 kil., de chaux hydraulique du Theil.	3.25
	36	Les 100 kil. de chaux hydraulique de la Nerthe, de la Bedoule, du Rocher-Bleu ou analogue.	2.25
	37	Les 100 kil. de ciment de la Méditerranée ou Valentine, 1er choix.	6.00
	38	Les 100 kil. de ciment de Roquefort ou analogue.	4.50
	39	Les 100 kil. de plâtre blanc fin passé au tamis.	3.50
	40	Les 100 kil. de plâtre blanc de Roquevaire, pour gros travaux. . .	2.75
	41	Les 100 kil. de plâtre gris ou rouge de 1re qualité de Roquevaire, Gémenos, Allauch ou Auriol.	1.60
	42	Le mètre cube de moellons durs (poudingue).	5.50
	43	Le mètre cube de moellons durs de roche de la Garde ou analogue.	4.00
	44	Le mètre cube de galets de roche vive de la Garde.	4.25
	45	Le mètre cube de moellons blancs durs de Riboulet ou analogue. .	4.00
	46	Le mètre cube de pierre dure de Cassis.	70.00
	47	Le mètre cube de pierre dure de Montredon ou coteaux environnants	60.00
	48	Le mètre cube de pierre de taille d'Arles, 1er choix, en blocs marchands (quairades).	36.00
	49	Le mètre cube de pierre de taille de Beaucaire, Saint-Chamas, Couronne, etc., en blocs marchands.	34.00
	50	Le mètre cube de pierre, de Tarascon, blanche, de Saint-Gabriel ou qualité analogue.	50.00
	51	Le mille de crottes-doubles, de Saint-Henry, pleines ou creuses. . .	38.00
	52	Le mille de crottes-simples ou de couvert de Saint-Henry.	28.00
	53	Le mille de pans carrés doubles de Saint-Henry.	50.00
	54	Le mille de pans carrés triples de Saint-Henry.	70.00
	55	Le mille de tuiles creuses, grande forme, de Saint-Henry.	75.00
	56	Le mille de tuiles creuses, petite forme, de Saint-Henry.	55.00
	57	Le mille de briques anglaises 0,22 × 0,11 × 0,07 au sable ou à l'eau, de Saint-Henry.	52.00
	58	Le mille des mêmes briques, de 0,05 épaisseur.	38.00
	59	Le mille de briques d'un pied, forte épaisseur.	300.00
	60	Le mille de briques, comme au n° 57, mais polies et faites à la presse	75.00
	61	Le mille de tomettes de Salernes, hexagones, de 0,10, 1er choix. . .	22.00
	62	Le mille de tomettes d'Orange ou analogues.	26.00
	63	Le cent de briques vernissées d'Aubagne (pans carrés).	15.00
	64	Le cent de carreaux de faïence, de Lyon, de 0,10 de côté.	16.00
	65	Le cent de tuiles plates à crochet, perfectionnées.	19.00

Observations.	Nos d'Ordre.		Prix. F. C.
	66	Le mètre courant de tuyaux en poterie vernie d'Aubagne	
	67	de 0,25 de diamètre au petit bout	3.00
	68	de 0,21 id. id.	2.50
	69	de 0,16 id. id.	1.60
	70	de 0,10 id. id.	1.20
	71	Le mètre cube de bois de sapin de Bourgogne, en gros bois entier, rond de 1,30 circonférence moyenne.	75.00
	72	Le mètre cube de même bois débité et équarri à la scie.	80.00
	73	Le mètre cube de bois de sapin de Trieste en bois entier de 1,30 circonférence moyenne.	65.00
	74	Le mètre cube de même bois, équarri à la scie.	68.00
	75	Le mètre cube de bois de chêne de Bourgogne brut, en pièce. . . .	140.00
	76	Le mètre cube de bois de pin du pays, en grume, pour pilotis ou autres.	50.00
	77	Le mètre courant de chevrons ordinaires, en sapin, 0,05 × 0,08. .	0.35
	78	id. id. doubles, id. 0,07 × 0,10. .	0.55
	79	Le mètre courant d'enfustages, 0,045 × 0,10.	0.35
	80	id. de lambourdes de 0,04 × 0,05.	0.25
	81	Le mètre courant de planches brutes pour volige de 0,22 large sur 0,027 épaisseur.	0.60
	82	Les 100 kil. de fer laminé supérieur	30.00
Longueurs du Commerce.	83	id. de fer double T ordinaire de 0,10 à 0,18 de haut. . .	30.00
	84	id. de même fer, de 0,19 à 0,25.	32.00
	85	id. de même fer, larges ailes.	42.00
	86	id. de zinc de tout numéro.	75.00
	87	id. de plomb laminé en feuilles ou en tuyaux.	65.00
	88	id. de tôle douce du Berry	80.00
	89	id. de tôle ordinaire laminée.	55.00
	90	id. de tôle Pudlée anglaise, pour construction.	40.00
	91	id. de fonte, pour colonnes creuses, 2me fusion.	32.00
	92	Le mètre carré de verre à vitre, simple, 1er choix.	3.50
	93	id. id. 1/2 double, 1er choix.	6.00
	94	id. id. double, 1er choix.	7.00

Nota. — Les prix ci-dessus comprennent les frais de transport des matériaux rendus à pied d'œuvre, ainsi que les frais d'octroi.

Pour les prix d'application, ajouter 10 p. 0/0 en sus pour tous faux frais et bénéfices.

SOUS-DÉTAILS

MORTIERS ET DOSAGES.

1 Sous-détail d'un mètre cube de mortier fait avec gros sable grenu, de 1er choix et chaux hydraulique du Theil :

1 mètre cube sable (de 1er choix).	F.	6.00
305 kil. chaux hydraulique, à 3 fr. 25 les 100 kil.		9.91
A reporter. . .	F.	15.91

Observations.	Nos d'Ordre.				Prix.
		Report.	F.	15.91	F. C.
		Façon du mortier fait à bras d'homme ou au manége, eau et tous autres frais compris.		1.10	
		Total.	F.	17.01 ci.	17.01
	2	Sous-détail d'un mètre cube de mortier fait avec gros sable ordinaire de bonne qualité et chaux grasse éteinte :			
		1 mètre cube sable.	F.	5.00	
		0,50 cube chaux grasse en pâte, à 14 fr.		7.00	
		Façon du mortier, comme ci-dessus.		1.00	
		Total.	F.	13.00 ci.	13.00
	3	Sous-détail d'un mètre cube de mortier fait avec sable fin de Montredon et chaux grasse éteinte :			
		1 mètre cube sable Montredon, 1re qualité.	F.	8.00	
		0,50 cube chaux grasse.		7.00	
		Façon du mortier, comme ci-dessus.		1.00	
		Total.	F.	16.00 ci.	16.00
		BÉTONS ET MAÇONNERIES DIVERSES.			
	4	Sous-détail d'un mètre cube de béton fabriqué à la griffe, mise en place et pilonnage, galets de roche vive, gros sable de premier choix et chaux hydraulique du Theil :			
		0,90 cube de galets, à 4 fr. 25.	F.	3.82	
		0,50 cube de mortier, comme au nº 1, à 17 fr. . .		8.50	
		8 heures 20 m., manœuvre à 0,275.		2.25	
				14.57	
		1/10 de faux-frais et bénéfices.		1.45	
		Total.	F.	16.02 ci.	16.02
	5	Sous-détail d'un mètre cube de maçonnerie de moellons bruts de roche ou pierres blanches, pour murs en élévation d'au moins 0,50 épaisseur, mortier comme au nº 2, sans enduits :			
		1 mètre cube de moellons.	F.	4.00	
		0,33 cube mortier, comme au nº 2, à 13 fr. . . .		4.29	
		5 heures 50 m., maçon et manœuvre ordinaires, à 0,65.		3.57	
				11.86	
		1/10 de faux-frais et bénéfices.		1.18	
		Total.	F.	13.04 ci.	13.04
	6	Sous-détail d'un mètre cube de maçonnerie de briques, pour massifs ou murs au-dessus de 0,22 épaisseur, sans			

Observations.	Nos d'Ordre.			Prix.
				F. C.
		enduits et avec simple rejointoyage, briques anglaises ordinaires de 0,07 épaisseur, de Saint-Henry, et mortier comme au n° 3 :		
		630 briques, déchet compris, à 52 fr. le mille. . .	F. 32.76	
		0,20 cube, mortier fin, à 16 fr.	3.20	
		15 heures de maçon et manœuvre à 0,65.	9.75	
			45.71	
		1/10 de faux-frais et bénéfices.	4.57	
		Total.	F. 50.28 ci.	50.28
		PLANCHERS.		
	7	Sous-détail d'un mètre carré de plancher ordinaire, avec poutre en sapin équarri de 0,18 × 0,28 d'équarrissage espacées de 1 mètre d'axe en axe, enfustages et pointes pour les clouer, dégrossage, ravoirage, anse à paniers et aire au plâtre avec carrelage en tomettes de Salernes à l'assemblage :		
		0,05 cube bois de sapin, pour poutres, à 68 fr. . .	F. 3.40	
		9 mètres courant d'enfustage à 0 fr. 35 cent. . . .	3.15	
		100 carreaux tomettes, à 2 fr. 20 le cent.	2.20	
		Plâtre gris pour hourdage total et carrelage. . . .	0.75	
		Pointes	0.10	
		Façon totale, carrelage compris.	2.00	
			11.60	
		1/10 de faux-frais et bénéfices.	1.16	
		Total.	F. 12.76 ci.	12.76
		TOITURE.		
	8	Sous-détail d'un mètre carré de toiture ordinaire, avec poutres en sapin équarri de 0,20 × 0,26 espacées verticalement de 1 mètre d'axe en axe, chevrons ordinaires de 0,05 × 0,08 briques de couvert et tuiles creuses pour couverture de la grande et petite forme, mortier, plâtre et blocage pour la pose et le garnissage ordinaire des tuiles :		
		0,05 cube bois de sapin, pour poutres, à 68 fr. . .	F. 3.40	
		5 mètre courant chevrons, compris déchet, à 0,35.	1.75	
		35 briques de couvert à 2 fr. 80 le cent.	0.98	
		25 tuiles, grande et petite forme, à 6 fr. 50 le cent, prix moyen.	1.62	
		Pointes pour clouer les chevrons.	0.15	
		Plâtre pour l'aire sur les briques et le garnissage autour des scellements de poutres.	0.25	
		A reporter.	F. 8.15	

Observations.	Nos d'Ordre.				Prix.
		Report.	F.	8.15	F. C.
		Mortier fin et blocage en petites pierrailles pour la pose et le calage des tuiles.		0.80	
		Façon totale.		2.00	
				10.95	
		1/10 de faux-frais et bénéfices.		1.09	
		Total.	F.	12.04 ci.	12.04

CLOISONS.

	9	Sous-détail d'un mètre carré de cloison en crottes doubles de 0,03 épaisseur, montée au plâtre gris et enduits redressés des deux côtés (angles et anses à panier compris) :			
		35 briques crottes-doubles à 3 fr. 80 le cent. . . .	F.	1.33	
		0 heure 80 m., maçon et manœuvre à 0,70. . . .		0.56	
		80 kil. plâtre gris à 1,60.		1.28	
				3.17	
		1/10 de faux-frais et bénéfices.		0.31	
		Total.	F.	3.48 ci.	3.48

PIERRE DE TAILLE.

	10	Sous-détail d'un mètre cube de maçonnerie de pierre de taille d'Arles, pour murs de façade pleins ou en placage et une hauteur d'assise de 0,40 équivalent à celle de la quairade ou bloc marchand :			
		1 mètre cube, achat de la pierre.	F.	36.00	
		Déchet 1/15.		2.40	
		2 heures 50 m., ouvrier pour la taille des lits et joints à 0.50.		1.25	
		0,04 cube mortier et plâtre pour la pose, à 20 fr.		0.80	
				40.45	
		1/10 de faux-frais et bénéfices.		4.04	
		Total.	F.	44.49 ci.	44.49

Nota. — Pour cette pierre, de même que pour celle de Beaucaire et de Tarascon employée pour murs de façade, la pose, le bardage et l'abreuvage sont ordinairement compris, selon l'usage local, dans le prix d'application du mètre carré de parement, tel qu'il est porté à la série.

OBSERVATIONS.	Nos d'Ordre.				PRIX. F. C.
		DÉBLAIS.			
	11	Sous-détail d'un mètre cube de déblais pour tranchées ou rigoles de fondations (jusqu'à 3^m de profondeur), la fouille faite dans des terres mêlées de gravier, calcaire tendre ou analogue, enlevées au pic avec jet sur berge ou banquette à 1,50 hauteur moyenne, en une ou deux fois, et transport aux décharges publiques :			
		1 heure 90, ouvrier terrassier, à 0.325.	F.	0.61	
		1 mètre cube de transport.		2.00	
		Plus-value pour foisonnement non compté dans le cube mesuré, faux-frais divers, étais, tracé et régularisation des parements.		0.55	
				3.16	
		1/10 pour faux-frais et bénéfices.		0.31	
		TOTAL.	F.	3.47 ci.	3.47
		PLAFONDS DITS LAMBRIS.			
	12	Sous-détail d'un mètre carré de plafond en roseaux, sous plancher, compris les lambourdes, le lattis en roseaux et les clous, le hourdis au plâtre ferme sur lattis, le redressage à la règle et les anses à panier contre les murs :			
		3 mètres courant lambourdes, à 0.35.	F.	1 05	
		1 mètre carré de lattis en roseaux, dit cannisse . .		0.40	
		50 Kil. plâtre gris, à 1.60.		0.80	
		Clous		0,15	
		Façon, 1 heure 5, maçon et manœuvre, à 7 fr. = 0,735, soit		0.75	
				3.15	
		1/10 de faux-frais et bénéfices		0.31	
		TOTAL.	F.	3.46 ci.	3.46
		VOUTES EN BRIQUES DE CHAMP.			
	13	Sous-détail d'un mètre carré de voûtes en briques crottes-doubles, posées de champ (0,16 extrados), au mortier fin, compris les enduits du dessous, le garnissage des reins en maçonnerie ordinaire, la façon des cintres et le décintrement :			
		125 briques crottes-doubles, à 3.80.	F.	4.75	
		0,10 cube mortier fin, pour la voûte et l'enduit, à 16 fr.		1.60	
		0,15 cube maçonnerie ordinaire, pour les reins à 12 fr.		1.80	
		2 heures 50, maçon et manœuvre, à 0.70		1.75	
		Façon des cintres, décintrement et tous déchets. .		1.00	
				10.90	
		1/10 faux-frais et bénéfices.		1.09	
		TOTAL.	F.	11.99 ci.	11.99

Observations.	Nos d'Ordre.			Prix.
		VOUTES EN BRIQUES DE PLAT.		F. C.
	14	Sous-détail d'un mètre carré de voûte en mêmes briques, mais posées de plat sur 2 rangs et au ciment, le reste comme dessus :		
		56 briques crottes-doubles, à 3.80	F. 2.12	
		40 Kil. ciment Valentine, à 6 fr.	2.40	
		1 heure 70, ouvrier maçon et manœuvre, à 7 fr.	1.19	
		0,10 cube maçonnerie pour les reins, à 12 fr. .	1.20	
		0,02 cube enduit pour le dessous, au mortier fin, à 16 fr.	0.32	
		Façon des cintres légers, fixes ou mobiles. . . .	0.30	
			7.53	
		1/10 De faux-frais et bénéfices	0.75	
		Total.	F. 8.28 ci.	8.28
		MURETTES de 0,22.		
	15	Sous-détail d'un mètre carré de murette de 0.22 épaisseur, en briques anglaises de 0,07 épaisseur, montée et crépie au mortier fin sur les deux faces :		
		115 briques de 0,07 à 5.20 (déchet compris) . . .	F. 5.98	
		0,10 cube de mortier fin, enduits compris, à 16 fr.	1.60	
		2 heures 80, ouvrier maçon et manœuvre, échaf. compris, à 0.70	1.96	
			9.54	
		1/10 De faux-frais et bénéfices.	0.95	
		Total.	10.49 ci.	10.49
		MURETTES de 0,16.		
	16	Sous-détail d'un mètre carré de murette de 0,16 épaisseur, en crottes-doubles, montée et enduite au mortier fin sur les deux faces :		
		110 briques, à 3.80.	4.18	
		0,15 cube mortier fin, enduits compris, à 16 fr. .	2.40	
		2 heures 40, ouvrier maçon et manœuvre à 0.70.	1.68	
			8.26	
		1/10 De faux-frais et bénéfices	0.82	
		Total.	F. 9.08 ci.	9.08
		PIERRE DE TAILLE DURE.		
	17	Sous-détail d'un mètre cube de pierre dure de Cassis, pour socle de façade, partie en placage fort, partie toute épaisseur, pour pied-droit ou en blocs pleins ne dépassant pas 1 mètre cube et d'une seule assise :		

Observations.	Nos d'Ordre.			Prix.
		1 mètre cube de pierre.	70.00	F. C.
		1/15 déchet.	4.66	
		9 heures 50, ouvrier pour taille des joints et lit supérieur, 0,55	5.22	
		Bardage, pose et mortier.	2.00	
			81.88	
		1/10 De faux-frais et bénéfices.	8.18	
		Total.	F. 90.06	90.06

FAÇON SUR LA PIERRE DE TAILLE TENDRE.

	18	Sous-détail d'un mètre carré de parement vu, sur la pierre de taille d'Arles, pour tous travaux, 3 heures 10, ouvrier pour taille quelconque finie, produisant :		
		1 mètre carré de parement, les lits et joints déjà comptés au cube à 0.50.	F. 1.55	
		Pour la pose et le bardage	1.00	
		Pour façon et fourniture de l'abreuvage au plâtre (1), par mètre carré de parement.	0.30	
		0 heure 50, chef ouvrier ou appareilleur, pour tracé et direction à 0.65.	0.33	
			3.18	
		1/10 de faux-frais et bénéfices.	0.31	
		Total.	F. 3.49 ci.	3.49

FAÇON SUR LA PIERRE DE TAILLE DURE
à la boucharde de 12 et ciselures polies.

	19	Sous-détail d'un mètre carré de parement vu à la boucharde de 12 sur la pierre de taille dure de Cassis, pour tous travaux, avec ragréement et ciselures polies :		
		1 heure 15, ouvrier-chef, pour mise en chantier tracé et direction à 0.65.	F. 0.75	
		1 jour 50, ouvrier pour la taille, les lits et joints déjà comptés au cube à 0.55.	8.25	
		3 heures 20 d'ouvrier. pour le ragréement après coup et le polissage des ciselures à 0,55.	1.76	
			10.76	
		1/10 de faux-frais et bénéfices.	1.07	
			11.83	
		Plus-value pour aiguisage et faux-frais d'outils. . .	0.15	
		Total.	F. 11.98 ci.	11.98

(1) L'abreuvage au ciment sera payé 0,20 en sus.

Observations.	Nos d'Ordre.	CHARPENTE.		Prix. F. C.
	20	Sous-détail d'un mètre cube de charpente, pour toiture, en bois de Trieste, 1re qualité, débité et équarri à la scie comme au n° 161 de la série :		
		1 mètre cube de bois.	F. 68.00	
		1/12 de déchet.	5.66	
		Taille et façon, compris le levage et la mise en place, 40 heures d'ouvriers à 0.55.	22.00	
		Chevilles, clous et pointes.	1.50	
			97.16	
		1/10 de faux-frais et bénéfices.	9.71	
		1/30 pour frais d'outils, échafauds et apparaux. . .	3.23	
		Total, ...	F. 110.10 ci.	110.10

Je crois devoir, en terminant, fournir quelques explications sur divers prix et mode d'évaluation qui pourraient paraître inexacts aux yeux des personnes habituées à ces matières, mais non assez familiarisées avec les us et coutumes de la localité.

Ainsi, par exemple : dans la pierre de taille d'Arles, la taille des lits et joints est comprise dans le cube, tandis que la pose, le bardage et l'abreuvage sont compris dans le prix du mètre carré de parement. Je l'ai fait ainsi, parce que c'est l'ancien usage du pays, en rapport avec les prix actuels d'application. Le résultat, en somme, est sensiblement le même, et bien que je reconnaisse qu'il serait plus rationnel d'employer à cette évaluation un mode différent plus conforme aux usages généraux, j'ai cru toutefois devoir conserver ici l'évaluation locale, qui est généralement appliquée et mise en pratique par la majorité des constructeurs.

Pour la pierre dure de Cassis et les pierres du n° 16, au contraire, la pose et le bardage sont comptés dans le cube outre la taille des lits et joints, il y a évidemment ici ou là une anomalie au point de vue logique et rationnel, mais, je le répète, la différence comme résultat est à peu près nulle. et il ne s'agirait, on le voit, que de modifier la rédaction et le prix d'application de ces articles, si l'on voulait obtenir une relation plus exacte; dans tous les cas, il sera toujours facile, avec les éléments que j'indique, de faire la transformation, pour les personnes qui croiront devoir la faire.

Le but de ce travail, je dois aussi le répéter, n'est pas d'offrir ici un spécimen nouveau, complet et scientifique de ces matières, mais de fournir aux intéressés les moyens les plus faciles et les plus prompts pour se rendre compte rapidement et d'une manière suffisante des usages locaux et des procédés techniques que doit connaître toute personne qui veut entreprendre des travaux de bâtiment et de constructions privées à Marseille.

J'ai cru, dans ce but, ne pas devoir m'écarter, non-seulement de la généralité des usages suivis, mais encore des habitudes d'appréciation qui sont encore en pratique chez beaucoup d'architectes et d'entrepreneurs de la localité.

Quant à ces usages et aux interprétations plus ou moins justes qu'on en fait, je me suis appliqué à les consigner dans leurs sens le plus logique et le plus généralement suivi dans la pratique, en rapport du reste avec les prix d'application et l'ensemble de ce travail.

A ce point de vue et en attendant qu'une réglementation générale, nouvelle et plus rationnelle dans ses applications, remplace définitivement les usages et les habitudes du pays, je crois que la réunion méthodique de tous ces documents est appelée à rendre dès à présent quelques services aux constructeurs; ils y trouveront une foule de renseignements ordinairement disséminés, et n'eût-il que cet avantage, il m'a semblé que ce travail, depuis longtemps préparé, pouvait-être de quelque utilité.

Ce motif et les instances de quelques personnes autorisées m'ont décidé à en entreprendre aujourd'hui la publication.

Jules RICHAUD.

MARSEILLE

TYPOGRAPHIE ET LITHOGRAPHIE BARLATIER-FEISSAT PÈRE ET FILS

Rue Venture, 19.

www.ingramcontent.com/pod-product-compliance
Ingram Content Group UK Ltd.
Pitfield, Milton Keynes, MK11 3LW, UK
UKHW020034100726
13658UKWH00003B/1322

9 782019 948948